세상에 대하여 우리가
더잘 알아야 할 교양
⑬

| 지은이 | 옮긴이 | 감수자 소개

지은이 **페이션스 코스터**
어린이와 청소년을 위한 논픽션 분야의 책을 만들고 있습니다. 저서로 《동물실험》 외에도 《델리》《몬트리올》 ('세계의 대도시' 시리즈)과 《흡연》《아파르트헤이트(인종차별)에 대한 투쟁》《비와 홍수》 등이 있습니다.

옮긴이 **김기철**
서강대학교에서 경영학과 철학을 공부한 후 한국번역능력시험 영어 1급에 합격했으며, 홍콩과 한국을 오가며 번역을 해 왔습니다. 지금은 번역에이전시 엔터스코리아에서 출판기획 및 전문번역가로 활동하고 있습니다.

감수자 **한진수**
수의학박사이자 실험동물전문수의사, 건국대학교 수의과대학 실험동물의학교수입니다. 건국대학교 학생복지처장, 삼성서울병원 생명과학연구소 실험동물실장, ㈜바이오지노믹스 생명과학연구소장, 국제실험동물관리인증협회(AAALAC Int.) 전문위원을 역임하였습니다. 현재는 한국실험동물학회(KALAS) 서울지회장 및 한국실험동물수의사회(KCLAM) 고문을 맡고 있습니다. 2008년부터는 건국대학교에 3R동물복지연구소를 설립하여 실험동물 복지와 동물실험 대안 방법 개발 및 교육을 위해 힘쓰고 있습니다.

세상에 대하여 우리가 더 잘 알아야 할 교양

페이션스 코스터 글 | 김기철 옮김 | 한진수 감수

13

동물실험
왜 논란이 될까?

내인생의책

차례

감수자의 말 - 6
들어가며: 동물실험을 둘러싼 치열한 공방 - 8

1. 동물실험이란 무엇일까요? - 13

2. 동물실험의 역사 - 27

3. 의학 연구에 이용되는 동물실험 - 39

4. 독성 시험 - 57

5. 해부 실습에 이용되는 동물들 - 67

6. 실험동물의 권리와 복지 - 73

7. 동물실험의 미래 - 93

연표 - 100
용어 설명 - 102
더 알아보기 - 104
찾아보기 - 106

※ **굵은 글씨**로 표시된 단어는 102쪽 용어 설명에서 찾아보세요.

| 감수자의 말 |

생명과학의 시대인 지금, 동물실험은 의학과 생명과학에 없어서는 안 되는 중요한 수단입니다. 이미 과학연구에서 그 역사적 공헌은 헤아릴 수가 없을 정도이기에, 동물실험이 없다면 과학기술 수준이 수십 년 뒤졌을 것이라 말하는 사람들도 있습니다. 한편으로는 역대 노벨 의학 생리학상도 절대 다수가 동물실험의 결과였다고 할 만큼 동물실험의 중요성은 대부분의 과학자가 인정하고 있습니다.

몇 년 전 국내 연구에서 과학자들이 실험 과정을 조작한 일이 밝혀져 사회문제가 된 적이 있었지요. 이를 계기로 과학자의 윤리의식이 심각한 문제로 떠오르기 시작했습니다. 또한, 실험실에서 과학자 개개인이 동물을 다루는 데 있어서 윤리적 문제가 제기되기도 했습니다. 선진국에서는 훨씬 오래전에 이러한 사회적 논란이 있었고, 그에 따라 국가가 방관할 수 없는 상황이 되어서 동물실험에 대한 규제가 만들어졌던 것입니다. 그리하여 영국은 내무부가 주도적으로 모든 동물실험을 심의하고 면허하는 중앙인허가형 체제를 구축하였고, 미국은 연방정부나 주 정부가 직접 관여하지 않고 기관별로 동물사용관리위원회(IACUC)가 모든 동물실험을 심의하고 관리하는 민간주도형 관리시스템을 구축하였습니다.

동물보호단체들은 여전히 동물실험 반대를 외치며 폐지를 촉구하고 있지만, 동물실험을 완전히 없애는 것은 아직은 불가능해 보입니다. 지금으로서는 동물실험 완전 금지를 언젠가 달성해야 할 궁극적인 목표로 삼고 있는 셈이지요. 대안으로 동물복지론이 힘을 얻고 있습니다. 동물실험 자체를 단절할 수 없다면, 그 대신 동물의 복지를 위해서 노력하자는 것입니다. 그래서 '3R'이라는 개념이 도입되어, 지금은 전 세계 국가 대부분이 동물실험 원칙으로 이를 표방하고 있지요. 우리나라도 마찬가지로 지난 2007년 개정된 동물보호법 제13조에 대원칙으로 명문화하였습니다. 이 법은 작년에 다시 개정되어 동물실험에 관한 규정이 한층 보완되었지요. 이처럼 국내에서도 동물실험에 관한 관심과 논란은 활발하게 전개되고 있습니다.

《동물실험, 왜 논란이 될까?》는 거의 백 년 동안 이어져 온 동물실험에 대한 찬반양론을 가장 이해하기 쉽게 소개하는 책입니다. 일반 학생은 물론, 실제 동물실험을 하는 연구자들에게도 다시 한 번 동물실험의 문제점과 의미를 생각하게 하는 좋은 계기가 되길 기대합니다. 아무쪼록 우리나라에서도 하루빨리 '3R'의 개념이 널리 알려지고 공감을 얻을 수 있기를 바랍니다.

건국대학교 수의과대학 한진수 교수

들어가며: 동물실험을 둘러싼 치열한 공방

2006년 2월, 영국 옥스퍼드에서 동물실험을 찬성하는 행진이 열렸습니다. 이 행사에는 영국의 압력단체 프로테스트(Pro-Test) 회원 800여 명이 참가했습니다. 지역 주민과 학생, 대학교수 등으로, 모두 옥스퍼드 대학 생의학연구소의 동물실험을 지지하는 사람들이었지요.

프로테스트는 영국에 본부를 두고 있는 학생운동단체로, 동물실험을 비롯한 과학 연구를 지지합니다. 이 단체를 설립한 로리 파이크로프트(당시 16세)는 다음과 같이 주장했습니다.

"우리는 동물의 권리를 주장하는 극단주의자들의 횡포에 휘둘릴 수 없습니다. 지난해 말 재개된 옥스퍼드 생의학연구소 공사가 무사히 끝날 수 있도록, 더욱 용기를 내어 동물실험을 지지해야 합니다. 과격한 극단주의자들이 의학 연구를 방해하지 못하게 도와주세요."

파이크로프트는 인터넷을 이용해 자신의 주장을 펼쳐 왔습니다. 그러는 동안 수십 통의 항의 메일을 받았고, 그중에는 살해 위협도 있었다고 합니다. 그러나 런던 임페리얼칼리지 생식연구소의 로버트 윈스턴

2006년 2월 25일 영국 옥스퍼드에서 로리 파이크로프트(가운데)가 프로테스트 시위자들과 함께 동물실험을 지지하는 구호를 외치고 있다.

명예교수는 파이크로프트의 운동에 찬사를 보냈습니다. 윈스턴 교수는 "의학단체와 과학단체, 제약회사와 대학들이 열여섯 살짜리 소년에게 망신을 당했으니 얼마나 부끄러운 일인가? 이제는 정신을 차려야 할 때다. 실제로 모든 영국 대학은 동물을 이용하여 가치 있는 연구를 하고 있다. 이 사실을 숨길 게 아니라 업적을 널리 알려야 한다."라고 말했지요. 결국, 파이크로프트의 활동으로 옥스퍼드유니언(옥스퍼드대학의 유명한 토론클럽)에서 토론회가 열리게 되었으며 동물실험에 찬성하는 투표 결과가 나오기도 했습니다.

하지만 동물보호단체들은 이 생의학연구소가 불필요하며, 동물을 잔인하게 다루는 '감옥'이 될 것이라고 주장하지요. 그리하여 이 연구소는 비록 엄격한 안전 기준하에 세워졌지만, 그간 숱한 반대에 부딪혔습니다. 일부 운동가들은 생의학연구소의 건립에 연루된 사람들에게 폭력을 행사하겠다고 위협했으며, 급기야 2004년에는 동물보호단체의 극렬한 반대 때문에 공사가 중단되기도 했습니다. 이에 대해 프로테스트의 지지자들은 동물권리 옹호자들이 과학자를 잔인한 고문자처럼 왜곡하고 동물실험의 잔인한 점만을 부각한다고 반박합니다. 과학의 발전을 위해서는, 특히 불치병의 치료 방법을 연구하기 위해서는 동물실험이 반드시 필요하므로, 과학의 자유와 미래를 위해서 투쟁하겠다고 말하지요. 이렇게 두 세력은 상반되는 주장을 하며 동물실험에 대한 논란의 중심에 서 있습니다.

알아두기

헌팅던생명과학(HLS)은 동물을 이용한 실험을 수행하는 연구기관 가운데 세계 최대의 규모를 자랑한다. 1997년 한 방송 취재팀이 몰래카메라를 사용하여 HLS 실험실 연구자들이 개를 때리고 흔드는 등 동물을 학대하는 장면을 포착했다. 영국 내무부가 이 사건을 조사하여 두 명을 기소하자 HLS는 부랴부랴 여러 가지 규정을 만들고 다시는 이런 일이 일어나지 않을 거라고 약속해야만 했다.

 **여러분의 의견은 어떤가요?**

"동물실험은 불치병과 같은 의료 문제에 더 나은 해결책을 찾도록 도와준다. 만약 유방암의 원인을 밝혀내는 데 동물실험이 허용되지 않아 여성들이 고통받고 죽어갈 수밖에 없다면 과연 정당할까?"
— 케네스 캐럴(전 미국 웨스턴온타리오대학교 인간영양연구소장)

"사람들은 흰 가운을 입은 연구실의 과학자들을 지나치게 신뢰하는 경향이 있으며, 오랫동안 계속됐다는 이유만으로 동물실험이 꼭 필요하다고 막연히 생각한다. 그러나 동물실험은 단지 의학의 암흑시대가 남긴 유물일 뿐이다. 오늘날의 과학자들은 더욱 진보한 방법으로 더 믿을 만한 결과를 얻을 수 있을 것이다."
— 폴 매카트니(비틀즈의 전 멤버이자 동물권리 옹호자)

CHAPTER 1

동물실험이란 무엇일까요?

동물실험이란 과학을 연구하는 과정에서 인간이 아닌 동물을 실험 대상으로 이용하는 것입니다. 지금 이 순간에도 세계 곳곳에서 다양한 동물실험이 이루어지고 있습니다. 과학자들은 동물실험이 인간에게 엄청난 혜택을 가져다주고 있다고 주장하지요.

동물실험이란 과학을 연구하는 과정에서 인간이 아닌 동물을 실험 대상으로 이용하는 것입니다. 지금 이 순간에도 세계 곳곳에서 다양한 동물실험이 이루어지고 있습니다. 과학자들은 동물실험이 인간에게 엄청난 혜택을 가져다주고 있다고 주장하지요.

동물실험이 이루어지는 목적은 다양합니다. 우선 인간과 동물의 몸이 어떻게 작동하는지 알기 위해 인간 대신 동물을 이용하는 예를 들 수 있습니다. 새로운 **백신**이나 약품에 부작용이 없는지 시험하거나 가축병을 치료하기 위해 연구를 할 때도 동물을 이용합니다. 장기 이식 같은 새로운 수술 방법을 개발할 때도 마찬가지예요. 이 밖에도 농업용 살충제에서부터 화장품과 가정용품에 이르기까지 온갖 제품의 안전도를 검사하기 위해 전 세계에서 동물실험이 이루어지고 있습니다. 실험에 쓰이는 동물의 수는 한 해 수천만 마리에 달한다고 해요.

동물실험, 해야 할까? 하지 말아야 할까?

동물을 연구와 검사에 이용하는 것은 감정적인 논란을 불러일으키는 예민한 주제입니다. 동물실험을 보는 관점에는 여러 가지가 있습니다. 예를 들면 실험에 이용되는 동물의 숫자가 얼마나 되는지, 어떤 종의 동물을 이용하는지, 실험의 목적이 무엇인지, 그 실험을 통해 얻게 될 혜택은 무엇인지 그리고 실험으로 동물이 얼마나 고통을 느끼는지에 따라 동물실험에 관한 생각이 달라질 수 있지요.

동물실험이 인류에게 도움이 되므로 정당하다는 견해도 있지만 다르게 생각하는 사람도 많아요. 찬성론자들은 동물실험을 통해 새로운 지식을 발견하고 그 덕분에 수많은 인류의 생명을 구할 수 있다는 점을 강조합니다. 수혈과 **신장 투석** 그리고 **낭포성섬유증**이나 암과 같은 질병을 치료하는 **유전자** 치료법이 그 예입니다.

동물실험에는 대개 생쥐(마우스), 흰쥐(랫드), 햄스터, 사막쥐(저빌) 등의 설치류가 이용된다. 사진 속의 생쥐는 암 환자용 약을 검사하기 위한 실험에 이용되고 있다.

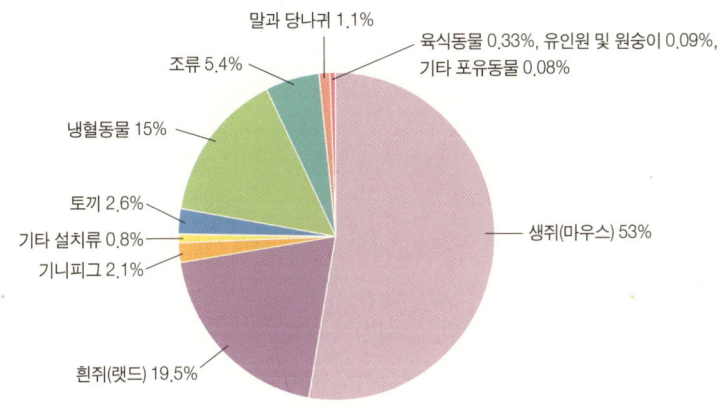

위의 그래프를 보면 유럽에서 어떤 동물이 실험에 쓰이고 있는지 알 수 있다. 뉴질랜드, 영국, 네덜란드, 스웨덴 같은 나라에서는 침팬지 등 유인원에 대한 실험이 금지돼 있다.

 그러나 반대론자들은 동물을 실험에 이용하는 것은 잔인한 짓이라고 주장합니다. 동물도 인간과 같이 정중하고 친절하게 대우받을 권리가 있다는 것이지요. 또한, 특정 약물에 대한 동물의 반응은 인간과는 크게 다르므로 오히려 잘못된 결론을 내리게 될 수 있다고 말합니다. 무엇보다 현대 과학이 발전하면서 컴퓨터를 이용한 모의실험과 인간 생체 **조직 배양** 같은 인도적(人道的)인 방법이 가능해졌으므로 더는 동물을 실험 대상으로 쓸 필요가 없다고 합니다.

생쥐에서 원숭이까지

 오늘날 실험에 쓰이는 동물은 생쥐(마우스), 흰쥐(랫드), 토끼, 기니피그, 햄스터, 사막쥐(저빌), 고양이, 개, 조류, 양서류, 어류 등입니다. 원숭

 **여러분의 생각은 어떤가요?**

"20세기에 동물실험이 없었다면 현재 의학 시스템은 빅토리아 시대 말기와 다르지 않을 것이다."

– 마크 매트필드 (의료연구 과학자)

"동물실험을 다른 방법으로 완전히 대체하기에는 아직 과학적·재정적인 면에서 한계가 있다. 하지만 기술과 정책 발전의 역사를 돌이켜본다면, 실험에 동물을 이용할 필요가 없는 날이 곧 오리란 것은 자명하다."

– 마틴 스티븐스, 앤드루 로언 (미국 동물보호단체 휴메인소사이어티의 활동가. 공동저서 《동물실험 문제 살펴보기》 중에서)

이 또한 영국, 프랑스, 독일 등 여러 유럽 국가에서 실험에 이용되고 있습니다. 하지만 오스트리아, 스웨덴, 네덜란드에서는 침팬지, 고릴라와 같은 유인원을 실험에 이용할 수 없도록 금지하고 있어요. 침팬지를 대량으로 실험에 이용하는 나라는 미국이 유일합니다. 그러나 절대적으로 다수를 차지하는 동물은 설치류로, 실제로 실험에 이용되는 동물의 90퍼센트 이상이 흰쥐와 생쥐입니다. 한편 영국에서는 공인된 기관에서 사육한 동물만을 실험에 이용하도록 강제하고 있습니다. 길을 잃거나 버려진 애완동물을 실험에 이용하는 것은 불법이지요. 하지만 이 법이 잘 지켜지고 있다는 증거는 없습니다.

과학자들은 동물마다 쓰임새가 다르다고 말합니다. 예를 들면 생쥐는 인간과 유전자가 거의 같으므로 유전병을 실험하는 데 적합한 실험 대상이지요. 실험에 쓰인 동물들은 대개 안락사를 당한 뒤 신체조직을 추가로 검사받습니다. 실험이 끝나 더는 필요 없거나 고통이 극심할 때 안락사를 시키기도 해요.

동물과 윤리

역사적으로 사람들은 동물의 고통보다 인간의 고통이 훨씬 중요하다고 생각했습니다. 이런 생각이 널리 퍼지게 된 것은 종교 때문이기도 했지요. 기독교의 가르침에 따르면 신이 자신의 형상대로 인간을 창조한 반면, 동물은 인간에게 봉사하도록 창조했다고 합니다.

아담과 이브가 에덴동산에서 동물들과 평화롭게 살고 있는 모습을 묘사한 그림이다.

빅토리아 시대에 활동했던 찰스 다윈(1808~1882)은 동물과 인간의 조상이 같다는 주장으로 당시 사람들에게 충격을 안겨주었다.

 그러나 1800년대에 이르러 기독교 교리에 반발하는 과학자들이 나타나기 시작했습니다. 영국의 동식물 연구가인 찰스 다윈도 그 가운데 한 사람이었지요. 다양한 종의 **진화** 과정에 대해 연구했던 다윈은, 인간이 신의 창조물이 아니며 다른 동물과 마찬가지로 환경에 적응함으로써 진화했을 뿐이라고 주장했습니다. 즉 인간은 동물의 한 종류라는 것이죠. 만약 다윈의 이론이 옳다면 다른 동물 역시 인간과 차이가 없는 셈입니다. 그렇다면 인간에게는 다른 동물을 마음대로 이용할 권리가 없을 뿐만 아니라 동물들에게도 인도적인 대우를 할 책임이 있는 건 아닐까요?

동물복지 개념의 등장

영국의 **생리학자** 마셜 홀은 다윈과 같은 시대의 인물입니다. 당시 홀은 반사활동을 설명하기 위해 런던에 있는 자신의 병원에서 도룡뇽 등 수많은 동물을 이용해 실험을 했습니다. 그러나 이 실험은 동물 학대 논란을 일으켜 거센 비판을 받았죠. 이에 대응해, 홀은 1831년에 실험동물을 보호하기 위한 다섯 가지 원칙을 제안했습니다.

첫째, 다른 방법으로 같은 결과를 얻을 수 있는 경우에는 동물을 이용해서는 안 된다. 둘째, 적은 수의 실험동물을 최대한 활용하는 방식으로 실험을 수행해야 한다. 셋째, 불필요하게 실험을 반복해서는 안 된다. 넷째, 실험자는 실험동물에게 미치는 고통을 최소화해야 한다. 마지막으로, 같은 실험을 반복하지 않기 위해 실험 결과를 꼼꼼하게 기록해야 한다. 이와 같은 실천 지침의 영향으로 훗날 3R 원칙(85쪽 참조)이 탄생했습니다. 그리고 이 3R 원칙은 전 세계로 퍼져 나가 동물실험의 윤리적 기초가 되었습니다.

인식의 변화

17세기에 프랑스 **철학자** 데카르트는 동물은 의식이 없기 때문에 고통을 느끼지 않는다고 주장했습니다. 동물은 **자극**에 기계적으로 반응하면서 본능에 따라 행동할 뿐이라는 것입니다. 당시 많은 이들의 생각

여러분의 생각은 어떤가요?

"하나님이 이르시되 우리의 형상을 따라 우리의 모양대로 우리가 사람을 만들고 그들로 하여금 바다의 물고기와 하늘의 새와 가축과 온 땅과 땅에 기는 모든 것을 다스리게 하자 하시고"

— 창세기 1장 26절

"모든 고귀한 자질을 갖추고 있으며, 가장 천한 존재에게도 동정을 느끼며, 다른 인간뿐만 아니라 가장 보잘것없는 동물에게도 자비를 베풀 줄 알고, 태양계의 운동과 구성을 간파할 정도로 신과 같은 지성을 가진, 이 대단한 힘을 전부 갖춘 인간이지만, 인간은 여전히 그 몸속에 지울 수 없는 미천한 근본의 흔적을 지니고 있다."

— 찰스 다윈(1871년, 저서 《인간의 유래》 중에서)

도 같았지요.

그러나 20세기 말에 과학자이자 철학자인 피터 싱어와 리처드 라이더 등이 이 오래된 관념에 의문을 제기했습니다. 그들은 동물 역시 통증을 느끼며, 단지 인간과는 다른 방식으로 고통을 느끼는 것뿐이라고 주장했습니다. 따라서 동물도 인간으로부터 고통받지 않고 살아갈 권리가 있다는 것이었지요. 1970년대 초에 라이더는 동물에 대한 차별을 설명하기 위해 '종차별'이라는 용어를 사용했습니다. 그는 "단지 외모가 다르다는 이유만으로 차별하는 것은 매우 우둔한 짓이다. 그런 종차별

2003년에 러시아 과학자들이 우주 생활이 인간의 건강에 미치는 영향을 알아보려고 원숭이를 실험한 적이 있었다. 지난 50년 동안 우주 비행을 연구하는 러시아와 미국 과학자들은 인간이 얼마나 오랫동안 무중력 상태에서 견딜 수 있는지 알아보기 위해 주로 원숭이, 침팬지, 개 등을 우주로 보냈다.

은 성차별이나 인종차별만큼이나 불합리하다."라고 말했습니다. 라이더는 이러한 주장을 과학적으로도 입증할 수 있다고 했습니다. 인간과 마찬가지로 동물의 신경계에도 통증을 전달하고 조절하는 화학물질이 존재하므로, 동물도 인간처럼 고통을 느낀다고 주장했어요. 통증과 고통에 대한 이 이론은 동물권리 운동과 동물실험에 대한 윤리 논쟁의 핵심이 되었습니다.

알아두기

2008년 영국 '동물해부금지연합British Union for the Abolition of Vivisection, BUAV'과 '인도적인 연구를 위한 해드웬 기금Hadwen Trust for Humane Research, HTHR'은 동물실험에 대한 통계 조사를 공동으로 시행해 〈실험동물의 대안〉이라는 잡지에 발표하였다. 이 조사에 따르면 매년 1억 1500만 마리의 동물이 실험용으로 사용되고 있다고 한다.

조사 결과 미국과 일본이 가장 많았고(각각 1700만 마리와 1100만 마리) 캐나다, 프랑스, 호주(모두 합쳐 약 230만 마리)가 그 뒤를 이었다. 그러나 실험동물 통계치를 집계하는 국가는 37개국에 불과하므로 실제로는 더 많은 동물이 희생되었을 것으로 추정된다.

간추려 보기

- 임상 시험과 의료제품 검사 등을 위한 실험에 동물이 이용된다.
- 동물실험을 옹호하는 사람들은 인간과 동물의 건강 그리고 환경을 개선하고 보호하는 데 동물실험이 꼭 필요하다고 주장한다.
- 동물실험을 비판하는 사람들은 동물실험이 잔인하고 불필요한 짓이며 잘못된 결과를 가져올 수 있다고 말한다.

사례탐구 잔인한 실험에 동원된 원숭이들

  2002년 미국 컬럼비아대학교의 수의학자인 캐서린 델오토는 대학에서 동물 학대가 자행되고 있다고 보고했다. 고위 관계자들이 개코원숭이와 긴꼬리원숭이 등 유인원을 실험에 이용하는 장면을 목격했다는 것이었다. 그 실험은 동물들에게 매우 고통스러운 실험이었다. 게다가 실험자들은 실험이 끝난 뒤에도 동물들을 안락사시키지 않고 우리 안에 방치하여 죽게 했다고 한다.

  델오토는 뇌졸중 치료용 약물을 실험하는 과정을 폭로하기도 했다. 한 과학자가 뇌졸중을 일으키려고 개코원숭이를 마취하고 혈관이 뇌에 고정되도록 안구를 제거했다. 이 수술 후 개코원숭이는 등이 구부러져 물을 마시거나 음식을 씹을 수가 없게 되었으며 머리도 들지 못했다. 증상이 확인되자 과학자들은 약물을 주입한 뒤 그 결과를 관찰했다. 심지어는 마취한 원숭이 머리에 금속 파이프를 이식하는 실험도 하였다. 델오토는 과학자들이 수술 뒤 통증을 완화하기 위해 온 힘을 다하지 않았으며 단지 약간의 아스피린을 주었을 뿐이라고 보고했다. "컬럼비아대학교에서 본 것은 실험동물을 대하는 냉담한 태도 그리고 수의학자들의 의도적인 무관심이었다."라고 그녀는 말했다.

  미국 농무부와 실험동물복지국은 컬럼비아대학교 수의학과를 조사한 결과 연구 기록을 부실하게 작성한 혐의를 발견하였다. 그러나 정작 그녀가 비판한 실험은 정당한 절차를 거쳤기에 법을 위반했다는 증거가 없다는 결론을 냈다. 메디컬센터 연구 부학장 하비 콜튼 박사는 이에 대해 "이 연구는 무슨 일이 있어도 계속되어야만 한다. 우리의 가장 큰 목표는 사람의 질병을 치료하는 것이다. 그러기 위해 동물을 대상으로 하는 실험은 불가피하다."라고 강력하게 주장했다.

동물실험의 역사

CHAPTER 2

동물실험에 관한 최초의 기록은 고대 그리스에서 찾을 수 있습니다. 기원전 500년 무렵, 과학자이자 철학자였던 알크마이온이 뇌의 활동을 연구하기 위해 건강한 동물의 안구를 제거하였다고 합니다. 철학자이자 동물학자였던 아리스토텔레스와 왕실의사였던 에라시스트라투스 역시 살아 있는 동물을 대상으로 실험을 했습니다.

동물실험에 관한 최초의 기록은 고대 그리스에서 찾을 수 있습니다. 기원전 500년 무렵, 과학자이자 철학자였던 알크마이온이 뇌의 활동을 연구하기 위해 건강한 동물의 안구를 제거하였다고 합니다. 철학자이자 동물학자였던 아리스토텔레스와 왕실의사였던 에라시스트라투스 역시 살아 있는 동물을 대상으로 실험을 했습니다. 당시에는 진통제나 **마취제**가 없었기 때문에 실험동물은 의식이 있는 상태에서 실험을 받아야 했습니다. 또한, 에라시스트라투스는 동물뿐만 아니라 인간 죄수들에게도 절개와 생체해부 수술을 했다고 합니다. 고대 그리스 문명에서는 생명을 중시하는 인식이 오늘날처럼 고양되지 않았기 때문이지요.

로마의 의학

고대 로마의 법률은 초기 기독교 신앙의 영향을 받았습니다. 그래서 인간의 시체를 **해부**하는 것이 법으로 금지되었지요. 당시 의사였던 갈레노스(129~216)는 인간 대신 돼지나 염소, 원숭이 등을 해부해야 했습니다. 갈레노스는 **해부학**이야말로 의학 지식의 기초라고 믿었습니다. 해부를 통해 인체가 어떻게 작동하는지 이해할 수 있어야 수술법을 발전시켜 나갈 수 있다고 주장했죠. 갈레노스는 이러한 견해를 토대로 과학 연구서를 많이 집필하였습니다.

 그리스와 로마의 의사들도 동물실험을 옹호하는 오늘날의 과학자들과 비슷한 주장을 하였습니다. 병이 들거나 다쳤을 때 신체가 어떻게 변화하는지 알고 싶어 했으며, 여러 치료법을 시험해서 증상을 개선해 보려고 했습니다. 그리고 동물과 인간의 신체 구조가 비슷하므로 동물실험 결과를 인간에게 적용할 수 있다고 생각하였지요. 그러나 생체해부

로마의 의학자 갈레노스는 인체 구조를 연구하기 위해 동물실험을 이용했다. 그의 이론은 중세와 르네상스 시대에 걸쳐 유럽의 의학 체계에 절대적인 영향을 끼쳤다.

반대론자들은 갈레노스가 몇 가지 중요한 발견을 한 것은 사실이지만 대부분은 정확하지 않은 것으로 드러났다고 주장합니다.

오래 지속된 이론

사람들은 1,500년 동안 별다른 의문 없이 갈레노스 의학을 추종하였습니다. 한편 교회의 힘이 더욱 커지면서 인체 해부는 오랫동안 금기시되었습니다. 아주 오랫동안 인간은 과학을 신봉하기 보다는 신에 대한 믿음을 지켰지요. 이 믿음 덕분에 동물실험 역시 완전히 사라진 것처럼 보였습니다.

벨기에의 의사였던 베살리우스는 해부학 이론을 수립하기 위해서 인체 해부를 이용했다.

그러나 **르네상스** 시대 이탈리아에서 동물실험에 흥미를 느끼는 사람

알아두기

갈레노스는 저서 《해부 절차》에서 돼지, 원숭이, 개를 이용한 실험에 관해 설명하였다. 그는 해부학을 이해하려면 세밀한 해부가 반드시 필요한데도 인체를 해부할 수 없도록 금지한 법률 때문에 연구가 제자리걸음을 하고 있다고 주장했다.

들이 생겨났습니다. 또한, 의학 연구를 목적으로 하는 인간 시신 해부가 허용되었지요. 몬디노, 베살리우스, 팔로피우스와 같은 과학자들은 동물이 아닌 인간을 연구함으로써 갈레노스의 의학 업적에 의문을 제기할 만한 발견을 여러 차례 해냈습니다. 1543년에 베살리우스는 저서 《인체구조론》에서 '갈레노스가 인간이 아닌 원숭이의 구조를 가르쳤다는 사실을 폭로했다고 해서 갈레노스의 유령이 화를 내지는 않을 것이다.'라고 썼습니다. 이러한 르네상스 시대 과학자들의 발견과 저술은 현대 의학의 기초가 되었습니다.

과학의 획기적 발견들

르네상스 시대 이탈리아에서 다시 나타난 동물실험 관행은 이내 유럽 의학계 전체로 퍼져 나갔습니다. 그러면서 오랫동안 베일에 싸여 있던 인체의 신비가 조금씩 풀리기 시작했어요. 하비의 혈액순환 증명(1628년), 훅의 허파의 기능에 대한 발견(1667년), 헤일스의 혈압 측정(1733년) 등을 비롯해 **생리학**에서 가장 중요한 발견이 쏟아져 나왔지요. 모두가 동물실험을 토대로 밝혀낸 사실이었습

1628년 영국 내과의사 하비는 혈액 순환에 대한 발견을 증명하기 위해 개를 실험 대상으로 이용했다.

니다. 그러나 동물실험 반대론자들은 하비의 혈액순환 증명이 사실은 수천 년 전에 중국에서 그려진 인체 해부도를 토대로 발견한 것이라고 주장합니다. 혈액이 심장에서 나와 원 모양으로 순환한다는 것이 이미 기원전 2650년경 중국 의서에 나와 있었기 때문이지요.

논란의 시작

17세기에 이르러 동물실험에 대한 윤리적인 우려가 제기되었습니다. 1655년에 아일랜드 생리학자 오메아라는 "생체 해부라는 참혹한 고통이 동물의 몸을 부자연스러운 상태로 만든다."고 주장했습니다. 동물이 고통을 겪으면 실험 결과의 정확성이 떨어지게 된다는 말이었지요. 그러나 생체 해부에 찬성하는 사람들은 의학·생물학 지식을 발전시키기 위해서 여전히 동물실험이 필요하다고 주장하였습니다.

프랑스 생리학자 클로드 베르나르는 '생체해부계의 왕자'로 알려져 있습니다. 그는 인간의 고통을 덜어주기 위해서라면 동물에게 고통을 조금 주는 것쯤은 괜찮다고 믿었습니다. 베르나르는 심지어 가족이 기

알아두기

1921년에 캐나다 의사인 프레데릭 밴팅과 미국 생리학자 찰스 베스트가 **인슐린**이라는 호르몬을 사용하여 개 **당뇨병**을 치료하였다. 실험은 성공적이었다. 인슐린을 정기적으로 주사하는 방법은 곧 인간의 당뇨병 치료에도 채택되었다.

르던 애완동물까지 생체 해부를 시행했다고 해요.

　1880년대에 프랑스 과학자 파스퇴르는 양에게 병균을 주입해 **탄저병**을 일으킴으로써 매균설(외부에서 들어온 세균이 신체를 공격한다는 이론)을 증명하였습니다. 1890년대에 러시아 생리학자 파블로프는 신경계의 작동에 관한 연구를 수행하면서 개의 조건반사를 조사하였습니다. 소화 과정을 조사하던 중 파블로프는 개가 종소리에 반응하여 침을 흘린다는 사실을 발견하였습니다. 이것은 종소리를 들으면 먹을 것을 연상하도

여러분의 생각은 어떤가요?

"생명과학은 길고 섬뜩한 부엌을 지나야만 도달할 수 있는, 휘황찬란하게 빛나는 근사한 강당이다."

― 클로드 베르나르(프랑스 과학자)

"우리는 그동안 토끼를 비롯해 수많은 동물을 희생시켜 왔다. 그중에는 개도 세 마리나 있었다. 그런데 4년이 지난 지금, 나는 그간 이루어졌던 동물실험이 정당하지 않거나 불필요했다는 생각이 든다. 인간의 이익을 위한다는 개념은 말도 안 되는 생각이다. 과학자들은 오로지 시대에 뒤처지지 않거나 앞서 가기 위해 불쌍한 동물들에게 불필요하고 부당한 고통을 가하고 있다."

― 조지 호(클로드 베르나르의 전 제자이자
영국 최초로 생체해부 반대 조직을 설립한 과학자)

록 개를 훈련시켰기 때문이지요. 그 뒤 파블로프는 자신의 조건반사 이론을 이용하여 인간 행동의 여러 가지 측면을 설명하였습니다.

동물실험과 법

19세기에 동물실험에 관한 윤리 논쟁이 불거지기 시작하였습니다. 동물도 통증을 느낀다는 인식이 확대됨에 따라 사람들은 동물에게 고통을 가하는 것이 정당한지 의문을 품기 시작했지요. 그리하여 1822년에 최초의 동물보호법이 영국에서 시행되었습니다. 1876년에 영국 정부가 나서서 통과시킨 동물학대방지법은 실험에 동물을 사용하는 것을 규제하는 방법에 중점을 두고 있었습니다. 한편 미국에서는 동물실험을 반대하는 사람들이 모여 1860년대에 미국동물학대방지협회를, 1883년에는 미국생체해부반대협회를 설립하였습니다. 하지만 정부 차원에서 동물보호법을 통과시키는 데는 실패했습니다.

오늘날의 동물실험

정부와 기업이 엄청난 규모의 자본을 투자하기 시작하면서 전 세계의 의학계는 놀라운 성과를 이루어냈습니다. 1860년대 말에 **에테르**나 **클로로포름**을 사용하여 동물을 무의식 상태로 만드는 전신마취법이 도입되면서 실험동물의 수가 기하급수적으로 늘었습니다. 영국에서만 1881년 250마리에서 1910년 95,000마리로 어마어마하게 증가했지요.

20세기 들어 제조 약품의 수요와 판매가 급증하면서 제품 안전검사가 미흡해 사망하는 사람들이 자주 발생했습니다. 의약품의 안전을 우려하는 목소리가 높아지자, 각국은 치료에 사용하기 전에 약품의 안전성을 미리 입증하도록 하는 법안을 도입하였습니다. 그 결과 동물을 이용하는 **독성** 시험이 일반적인 절차로 자리잡았습니다.

20세기에는 동물실험을 통해 더 획기적인 발전을 이룰 수 있었습니다. 1922년에 개와 토끼를 이용하여 연구한 결과, 치명적인 질병인 당뇨병을 치료하는 인슐린을 발견하였습니다. 항생제와 백신의 개발에도 수많은 동물이 이용되었습니다. 백신을 개발하는 과정에서 원숭이 같은 유인원은 소아마비에 감염되었으며 기니피그는 디프테리아에, 토끼는 백일해에, 생쥐는 뇌수막염에 감염되었습니다. 이러한 대가를 치른 결과 **예방접종** 프로그램이 완성되었고, 수백만 명의 인류는 생명을 구할 수 있었지요.

이때까지만 해도 동물실험의 필요성에 대해서는 논쟁의 여지가 없는 것처럼 보였습니다. 그러나 동물실험의 윤리성에 대해서는 여전히 논쟁의 불씨가 남아 있었습니다. 동물에게 고통을 주는 실험이 비윤리적이라 여기는 사람이 많았지

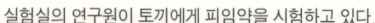
실험실의 연구원이 토끼에게 피임약을 시험하고 있다.

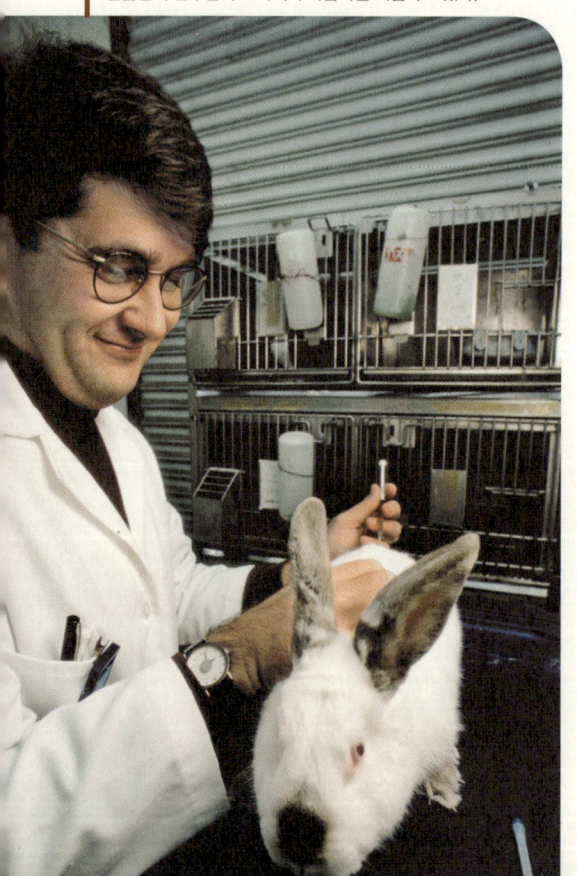

요. 이들은 20세기가 되자 동물의 권리를 위해 힘을 모아 적극적으로 캠페인을 벌이기 시작했습니다. 이들 가운데 몇몇은 대기업과 연구기관 그리고 정부와 갈등을 빚기도 했어요.

사례탐구 성공을 거둔 동물실험

B형 헤모필러스 인플루엔자(Hib)는 뇌수막염의 일종으로 난청과 뇌손상을 일으키며 자칫하면 사망에 이를 수도 있는 무서운 질병이다. 그런데 1986년에 시작된 핀란드의 한 예방접종 프로그램으로 Hib 뇌수막염 발병률이 점차 낮아져 1991년에는 0%를 기록했다. 이와 비슷한 프로그램이 미국과 영국에서도 성공적으로 시행되었다.

그러나 초기의 백신은 면역기간이 매우 짧아, 더욱 강력한 백신을 개발할 필요가 있었다. 수차례 실험을 거친 끝에 마침내 효능이 뛰어난 네 가지 백신이 개발되어 인간에게 사용되었다. 각각의 백신은 안전성을 입증하기 위하여 또다시 동물실험을 거쳐야 했다.

Hib 뇌수막염 예방접종 프로그램은 전 세계에서 성공을 거두었다. 방글라데시, 케냐, 칠레에서 발병률이 극적으로 감소했으며, 감비아에서는 5세 이하 어린이 100,000명당 발병률이 60명에서 0명으로 줄었다. 가장 최근에는 우간다의 5세 이하 어린이 Hib 뇌수막염 발병률이 0%로 줄어들었다. 우간다는 이 예방접종 프로그램 덕택에 2001년 이후 매년 5,000명의 아동 사망을 예방할 수 있었다.

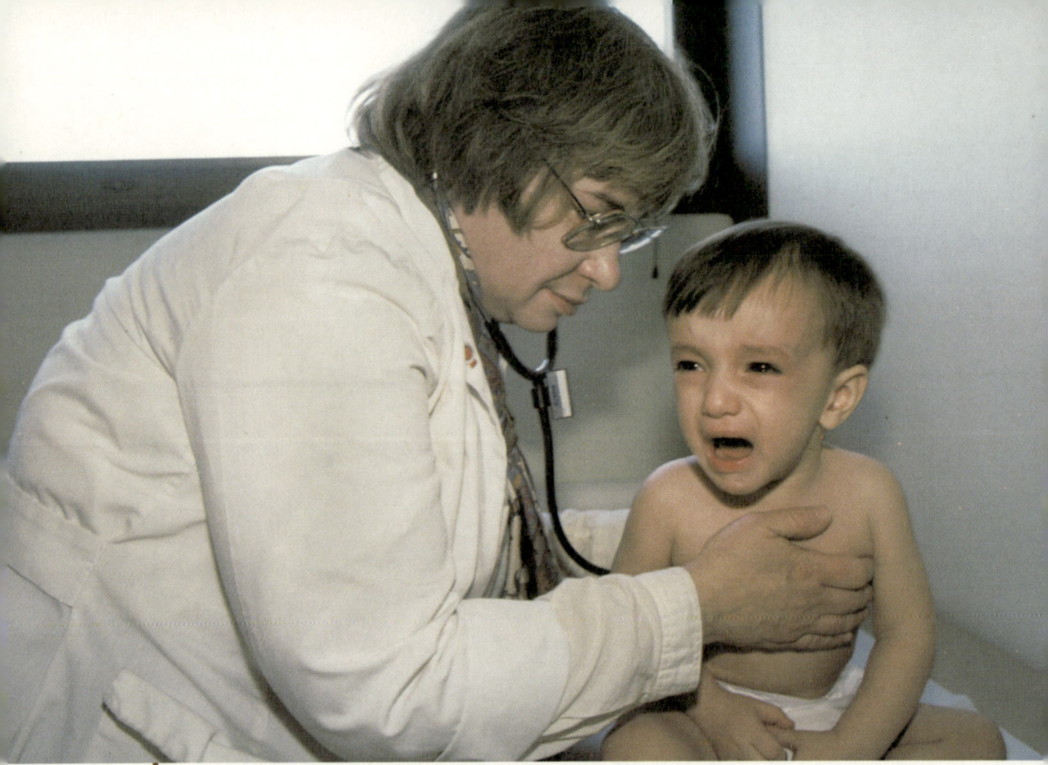

안전한 백신을 개발하는 데 동물실험이 이용되면서 사람들은 양질의 의료 서비스를 받을 수 있게 되었다. 특히 아동의 주요 질병 발병률은 눈에 띄게 줄어들었다.

간추려 보기

- 동물실험 찬성론자들은 역사적으로 의학 연구와 시험에 동물을 이용하면서 의학 기술이 진보하기 시작하였으며 인간은 엄청난 혜택을 입었다고 주장한다.
- 동물실험 반대론자들은 인간과 동물의 생물학적 구조가 결코 같지 않으며, 동물을 대상으로 한 검사와 실험보다 인체 해부에서 더욱 정확한 자료를 얻을 수 있다고 말한다.

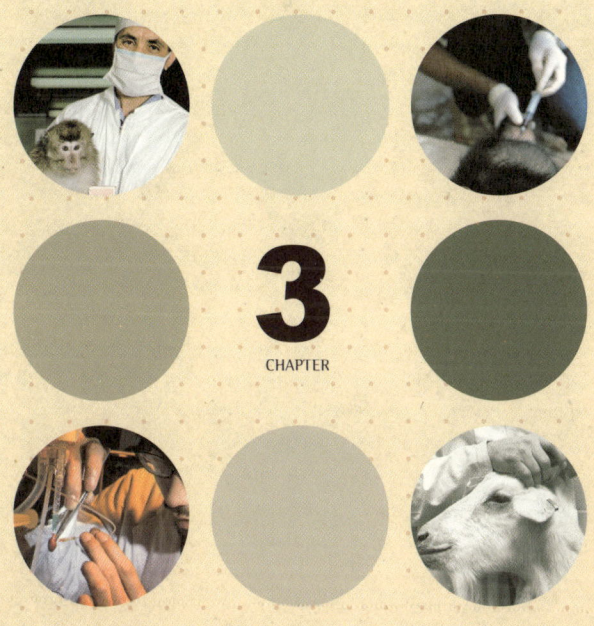

3
CHAPTER

의학 연구에 이용되는 동물실험

세계 여러 나라에서는 새로운 약품을 시판하기 전에 반드시 동물실험을 거치도록 규정하고 있습니다. 영국에서는 생물의학 연구에 사용되는 실험동물 중에서 약품 안전성 검사에 사용되는 동물의 수가 10퍼센트에 이릅니다.

오늘날에도 과학·의학 연구를 위해, 산업체와 농업 그리고 가정에서 사용되는 화학물질의 안전성을 평가하기 위해 동물을 실험 대상으로 이용합니다. 학생들을 가르치는 교육적인 목적으로 동물을 사용하기도 하지요. 동물실험을 수행하는 기관에는 연구기관, 제약회사, 화학회사, 의료연구 단체, 군 관련 기관, 산업체에 동물실험 서비스를 제공하는 전문 기관 등이 있습니다.

혜택을 둘러싼 논쟁

동물실험 찬성론자들은 의학 연구를 위해서라면 동물실험이 불가피하다고 주장합니다. 영국의 왕립학회 역시 20세기에 이루어진 의학적 발견 대부분은 동물실험이 없었다면 불가능했을 것이라 말했습니다. 미국 국립과학원의 실험동물연구원ILAR은 정교한 컴퓨터로도 분자, 세포, 생체조직, 장기 사이의 상호작용 그리고 유기체와 환경 사이의 상호작용을 정확히 재현할 수는 없다고 말합니다. 컴퓨터 등의 대체 수단이 유용하기는 하지만 신체 각 부분의 상호작용과 조절 능력을 밝혀내려면 살아 있는 동물을 연구해야 한다는 것이지요. 하지만 인간을 대상으로 실험할 수 없으므로 연구자들은 특정 질병이나 생물학적 기능을 연구하기에 가장 적합한 동물을 사용할 수밖에 없다고 합니다.

   동물실험 찬성론자들은 또한 모든 동물은 공통의 조상에서 유래하였기 때문에 인간의 생리학적 특징 역시 다른 동물과 비슷하다고 주장합니다. 예를 들면 모든 포유동물은 심장, 폐, 신장, 간 등 동일한 주요 장기를 가지고 있다고 합니다. 이 장기들은 같은 기능을 하며 비슷한 원리로 작동하지요. 이런 이유로 다양한 질병을 예방하고 치료하는 데 인간 이외의 포유동물이 유용한 모형이 된다는 것입니다.

1967년 구소련의 한 연구자가 원숭이 뇌에 설치한 전극을 검사하고 있다. 이 전극이 인위적으로 원숭이에게 자극을 가할 때 어떤 변화가 일어나는지 관찰하기 위해서이다.

동물실험이 보편화하면서 의학의 발전 속도가 빨라진 것은 분명한 사실입니다. 척추손상과 뇌졸중 환자의 치료뿐만 아니라 개심수술(심장을 절개하여 하나 이상의 심방이나 심실을 노출시키는 수술)과 천연두, 홍역, 광견병, 볼거리 등의 백신, 백내장 제거, 고관절 치환 수술 등이 가능해진 것도 동물실험의 덕분이지요. 1950년대에는 침팬지 등 유인원을 대상으로 실험하여 정신분열증 치료 약물을 개발하였습니다. 유인원 연구는 계속되어 1960년대에는 풍진(독일 홍역) 백신이, 1970~80년대에는 화학요법 등 암 치료방법이 개발되었지요. B형 간염과 에이즈 예방 백신, 장기이식 거부반응 억제제 역시 동물실험을 거친 약품이에요.

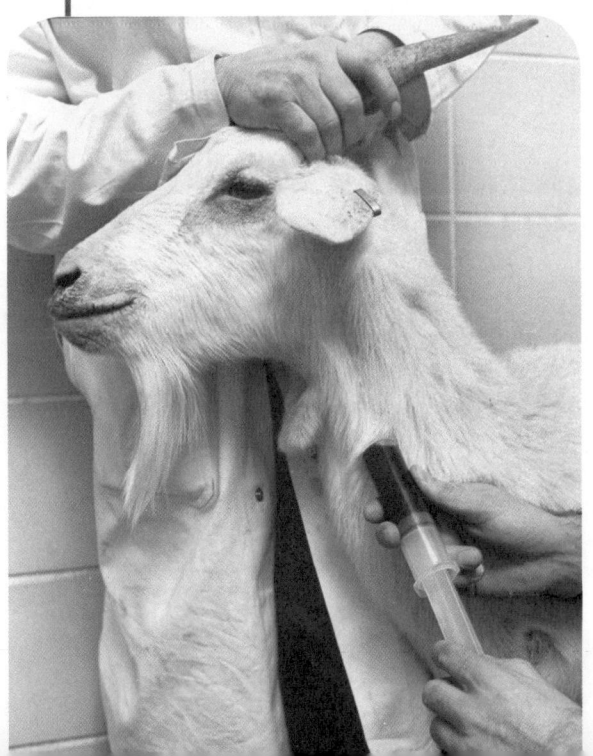

1971년 캐나다 몬트리올의 맥길대학교에서 염소에 대한 암 실험이 이루어졌다. 최근 동물권리 운동가들은 의학 연구와 군사 연구를 할 때 염소를 이용하는 것이 불합리하다고 항의하고 있다.

사람뿐 아니라 동물의 질병을 연구하는 데도 동물실험이 이용됩니다. 한 예로 청설병 백신을 들 수 있습니다. 청설병이란 흡혈곤충인 각다귀가 소와 양 같은 동물에게 옮기는 질병으로, 이 병에 걸리면 동물의 혀가 검푸르게 변하며 고열과 호흡곤란에 시달리다 죽습니다. 청설병 백신을 개발하는 과정에서도 많은 동물이 실험대상으로 이용되었어요. 그러나 백신이 개발되자 더 많은 동물의 생명을 구할 수 있었지요.

알아두기

수술할 때 통증을 느끼지 않도록 해주는 마취술 역시 동물실험을 거쳐 개발되었다.

여러분의 생각은 어떤가요?

"암, 심장병, 알츠하이머병, 에이즈, 낭포성섬유증, 다발성 경화증, 말라리아 등 심각한 질병의 해법을 찾고자 한다면 동물실험은 계속되어야 한다."

― 연구보호협회 Research Defence Society 웹사이트

"인간의 건강 수준이 향상된 것은 환경이 개선되고 위생적인 생활습관이 정착된 결과일 뿐, 동물실험과는 전혀 관계가 없다."

― 톰 리건 (미국 노스캐롤라이나 주립대학교 명예 철학 교수)

여기서 생각해볼 문제가 있습니다. 인간의 생명을 구하기 위해서 동물을 실험에 이용하는 것, 동물의 생명을 구하기 위해 다른 동물을 이용하는 것, 그 사이에 과연 어떠한 차이가 있을까요? 백신이 동물의 질병과 고통을 예방할 수 있으니 이 실험들은 정당한 것일까요?

동물 학대일까?

동물실험 반대론자들은 과학자들이 동물실험의 혜택을 과대평가하고 있다고 말합니다. 인류가 더욱 건강한 삶을 누리게 된 것은 동물실험 덕분이 아니라 생활환경이 개선되었기 때문이라고 주장하지요. 또한 잔인한 실험 때문에 동물이 겪는 고통이 심각한 수준이라고 말합니다. 실험 과정에서 과학자들은 동물을 물에 빠뜨리고, 질식시키고, 굶기고, 불에 태우고, 눈을 멀게 하거나 귀먹게 하고, 뇌와 장기를 훼손하고, 사지를 절단하고, 궤양을 일으키거나 심장 발작을 유도합니다. 중독 현상 연구를 위해 담배 연기를 흡입하게 하고, 알코올, 헤로인, 코카인 같은 유해한 약물을 강제로 먹이기도 합니다. 현대의 기술 수준이라면 나

알아두기

2005년 호주에서 동물실험을 줄이자는 취지의 동물복지법안이 시행되었다. 이제 과학자들은 마우스나 흰쥐, 토끼를 시험하지 않고 시험관과 컴퓨터로 조종되는 검사 기계에서 배양된 인간 세포를 검사한다.

른 대안을 이용할 수 있는데도(71~72쪽 참조) 불필요한 고통을 강요한다는 것이죠. 생체해부 반대론자들은 이러한 근거를 바탕으로 오늘날에도 여전히 동물실험이 필요한지 묻습니다.

동물과 인간이 엄연히 다르므로 동물실험이 인간에게 적합하지 않다는 주장도 있습니다. 실제로 사람과 동물이 걸리는 질병은 서로 다르며, 치료 과정에서 반응하는 방식도 다릅니다. '동물 모형'에 의존하는 연구 방식이 수억 명의 사람들을 죽음으로 몰아넣을 수 있다는 것입니다. 예를 들어 동물에게 검사했을 때는 안전한 것으로 밝혀진 약물이라도 인간에게 투여되었을 때는 치명적인 결과를 일으킬 수 있으니까요. 반대론자들은 이렇듯 동물실험이 잘못된 결과를 빚어내고 있는데도 갈레노스 시대부터 현재까지 수백 년 동안 유지되고 있다고 주장합니다.

2007년 동물실험 반대론자들이 미국 로스앤젤레스의 캘리포니아대학교에서 동물실험에 반대하는 항의 시위를 벌이고 있다.

사례탐구 **탈리도마이드의 비극**

탈리도마이드라는 약은 입덧 치료제로 1957년 독일에서 처음 등장했다. 당시 제약회사에서는 이 약이 부작용이 전혀 없는 획기적인 진정제라고 광고했다. 임신부가 먹어도 안전하다는 내용이었다. 이 약은 곧 시판되어 전 세계 수천 명의 여성이 입덧을 치료하기 위해 탈리도마이드를 복용하기 시작했다.

그런데 이상한 일이 벌어졌다. 1950년대 말부터 물갈퀴 같은 손발을 가진 기형아들이 태어나기 시작한 것이었다. 과학자들은 이 현상이 탈리도마이드와 연관이 있을 것으로 의심하고 동물을 이용한 심층적인 조사에 착수했다. 임신하지 않은 동물을 대상으로 초기 검사를 수행했을 때에는 아무 문제가 없었다. 마침내 정상 복용량의 열 배를 투여한 후에야 일부 원숭이가 기형 새끼를 출산했다. 동물실험 반대론자들은 잘못된 동물실험 때문에 1962년까지 탈리도마이드가 버젓이 판매되었으며 이 때문에 수많은 기형아가 태어났다고 주장한다. 탈리도마이드가 유통된 이후 100,000명이 넘는 아이들이 심각한 장애를 갖고 태어났다.

1997년에도 베를린에서는 탈리도마이드의 영향으로 기형아가 태어났다. 탈리도마이드 복용자의 딸인 이 어린아이는 엄마로부터 기형이 유전된 것으로 보인다.

이식수술의 발달

장기와 생체조직 이식수술로 매년 수천 명이 목숨을 구합니다. 새로운 장기나 생체조직이 인체의 면역체계에 거부반응을 일으키지 않도록, 동물실험을 통해 부작용이 없는지 미리 점검하지요.

1950년까지만 해도 심장 판막에 결함이 있는 경우 고칠 방법이 없었습니다. 심부전이나 뇌졸중으로 말미암은 호흡곤란, 어지럼, 기절 등의 증상이 일어나 심하면 사망에 이르는 일도 잦았어요. 과학자들은 개, 토끼, 기니피그, 흰쥐를 이용해 심장 판막 이식술을 연구한 결과 성공을 거두었습니다. 다음은 인간에게 이식술을 시행할 차례였습니다. 죽은 사람의 판막을 다른 환자에게 이식하는 방법이 가장 이상적이었지만,

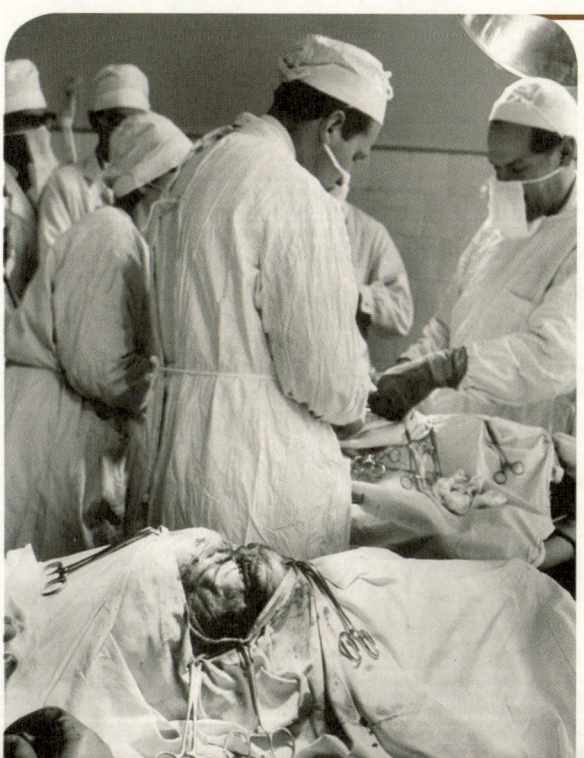

1962년에 과학자들이 개의 심장을 다른 개에게 이식했다. 당시 다른 개체로 장기 이식이 가능한지 증명하기 위해 이런 수술을 많이 시행하였다. 이 수술은 또한 외과 의사들이 실제 인간을 대상으로 수술하기 전에 기술을 완벽하게 다듬는 데 도움이 되었다.

시신을 이용해야 했기 때문에 아무 때나 수술을 할 수 없었지요. 이에 대한 해결책으로 다른 종의 심장 판막을 이식하는 방법이 제시되었습니다. 그래서 1970년 초에 시험적으로 돼지, 양, 송아지, 염소의 판막을 개에게 이식하였습니다.

오늘날 동물 장기를 이용하는 치료법은 널리 퍼져 있습니다. 인간의 심장 판막을 돼지의 심장 판막으로 교체하거나 당뇨병 치료를 위해 소와 돼지로부터 추출한 인슐린을 환자에게 투여하기도 합니다. 이때 인체가 거부반응을 일으키지 않도록 동물 장기는 특수한 처리 과정을 거칩니다. 심장 판막과 인슐린 역시 불순물을 제거해야 비로소 인체에 사용할 수 있지요.

오늘날 여전히 수많은 사람들이 다른 사람의 장기를 이식받으려고 기다리다가 사망합니다. 이 문제에 대한 해결책은 동물에게서 적출한 온전한 장기를 이용하는 방법, 즉 이종 이식술뿐입니다. 현재 돼지의 장기를 원숭이와 같은 유인원에게 이식하는 방법에 관한 연구가 이루어지고 있습니다. 이종 이식술은 동물에게 큰 고통을 안겨주기 때문에 논란이 많은 방법입니다. 또한, 동물 장기를 인간에게 이식하는 것에 거부

알아두기

미국에서만 매년 7~8만 건의 심장판막 교체수술이 시행되고 있으며, 대부분 인간의 판막이 아닌 돼지 판막을 이용한다.

감을 느끼는 사람도 있지요. 그러나 이종 이식술을 발전시켜 간단하고 안전하게 장기이식을 할 수 있다면 수많은 사람의 목숨을 구할 수 있을 거라고 주장하는 이들도 있습니다.

> **사례탐구** 다시 찾은 삶
>
> 　전시실 관리자인 루세트 웰스는 사소한 일에도 기뻐하는 평범한 사람이었다. 자기 일에 만족해했고, 가족과 함께 쇼핑하는 것을 즐겼다. 자녀 셋을 둔 78세의 어머니이기도 했다. 그러던 어느 날 삶을 송두리째 바꿀 사건이 터지고 말았다. 정기 검진 결과 심장에 문제가 있다는 진단을 받은 것이었다.
> 　의사들은 웰스에게 심장 자체는 건강하지만 심장 판막이 노화로 인해 **석회화**되었다고 말했다. 손상이 심해 판막을 복구할 수 없는 상태였다. 의사들은 손상된 판막을 돼지 판막으로 교체할 것을 권했다. 수술을 하지 않으면 운전과 일을 비롯해 모든 것을 그만둘 수밖에 없다고 했다. 웰스와 가족은 망설이지 않고 수술을 결정했다.
> 　다행히도 수술은 성공적으로 끝났다. 수술하고 3개월이 지났을 때 웰스는 다시 운전하고, 쇼핑하고, 가족과 즐겁게 시간을 보낼 정도로 회복되었다. 그녀는 그 후로도 몇 개월 더 생존하였다. 자녀들은 어머니가 동물 덕분에 생명을 연장할 수 있었다며 감사했다.
> 　'의학발전을 위한 미국인 모임AMP'은 이식 수술이 발전하려면 동물실험이 반드시 필요하다고 주장한다. 특히 부작용이 적은 거부반응 억제제를 새로이 개발하려면 동물실험을 계속해야 한다는 것이다.

위험을 초래할 가능성

특정 약품이나 치료법에 대한 동물의 반응이 인간의 반응과 다른 것은 사실입니다. 그리하여 동물실험을 반대하는 측에서는 동물실험으로는 정확한 정보를 알아낼 수 없다고 주장합니다. 오히려 환자를 관찰하거나 건강과 질병에 영향을 주는 요소를 연구하고, 실험실에서 세포와 생체 조직을 살펴보는 편이 더 낫다는 뜻이지요. 실제로 과학자들은 개에게 인공심장 이식수술을 수없이 시행하고 있지만, 안전성을 확신할 수 없어 인공 판막을 상용화하지 못했습니다.

개의 신체구조는 인간과 다르므로 인간에게 적용했을 때 같은 시험 결과가 나올 것이라 장담하기 어렵습니다. 또한, 돼지 판막을 인간에게 사용한다 해도 인간의 판막이나 인공 판막과 같이 원활하게 작동하지는 않을 것입니다. 게다가 한 종의 장기를 다른 종으로 옮길 때, 장기를 제공하는 종에 서식하는 엄청난 수의 미생물이 함께 옮겨가기 때문에 건강상의 위험도 발생할 우려가 있습니다. 실제로 최근 세계보건기구WHO는 동물 장기 이식을 진행하는 과정에서 인간에게 새로운 질병이 전염될 수 있다고 경고했습니다. 미국 샌안토니오에 있는 사우스웨스트재단의 바이러스학자인 조너선 앨런 박사는 다음과 같

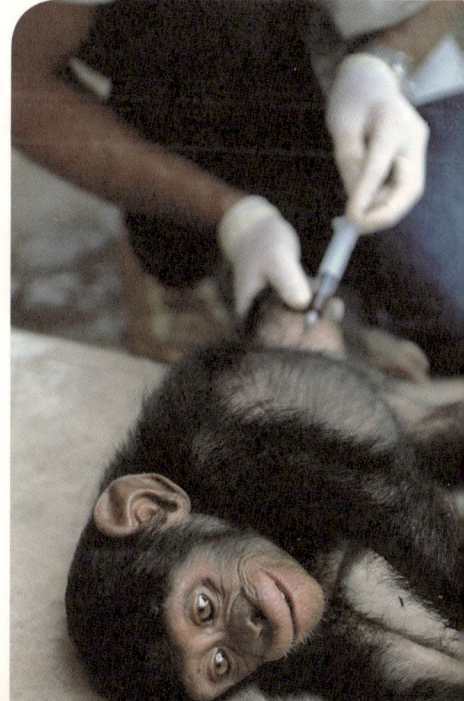

에이즈 바이러스 연구자가 침팬지로부터 힐액 샘플을 뽑고 있다.

이 말했습니다.

"단 한 번의 동물 장기 이식으로도 전염병이 시작될 수 있어요. 빵! 한방이죠. 바이러스가 전파되지 않기를 바라면서 러시안룰렛 게임을 하고 있는 겁니다. 러시안룰렛은 재수가 좋으면 이길 수는 있지만, 이 전염병은 피할 수 없을 겁니다."

불필요한 실험인가?

동물실험 반대론자들은 동물 사료 판매상에서부터 실험장비 제조업체에 이르기까지 수많은 사람 사이에 이권이 복잡하게 얽혀 있다고 주장합니다. 동물 연구소, 연구 기관, 제약회사 등의 이윤을 불려주기 위하여 무의미하고 불필요한 실험이 자행되고 있다는 것이지요. 예를 들어 침팬지를 이용해 에이즈 백신을 개발하는 연구에 벌써 수백만 달러를 썼지만, 백신이나 치료제 개발은 성공하지 못했습니다. 실제로 자연계에는 특정 종에만 나타나는 바이러스가 많습니다. 간단하게 말하자면 인간과는 달리 유인원은 에이즈로 죽지 않습니다.

광견병 같은 일부 바이러스는 종 사이의 장벽을 넘어 전파되지만, 대부분의 바이러스는 그렇지 않습니다. 그러므로 백신을 개발할 때는 특정 종에 맞춰야 합니다. 또한 과학자들은 바이러스가 다른 종으로 전파되는 과정에서 돌연변이 현상을 일으켜 끔찍한 결과를 초래할 수 있다고 경고합니다. 동물실험을 반대하는 사람들은 침팬지 같은 유인원에게 인간 바이러스를 주입하면 치명적인 바이러스 돌연변이를 일으켜 수십억 명이 감염될 수 있다고 주장합니다.

여러분의 생각은 어떤가요?

"동물실험을 하지 않고 장기나 골수를 이식했다면 결과적으로 오늘날 한 사람도 살아남지 못했을 것이다. 오늘날 인류의 의학적 업적은 동물실험에 전적으로 의존하고 있다."

– 조셉 머레이(이식 거부반응에 관한 연구로 1990년 노벨상을 수상)

"동물과 인간의 신체 구조는 다르다. 동물 연구에서 끌어낸 결론을 인간에게 적용한다면 환자의 회복을 지연시키고 잘못된 반응을 유도하여 환자에게 해가 될 가능성이 크다."

– 모네임 파달리(심장외과 전문의)

일본의 한 실험실에서 흰쥐(랫드)의 심장을 사용하여 인간 장기 이식에 대한 연구를 하고 있다.

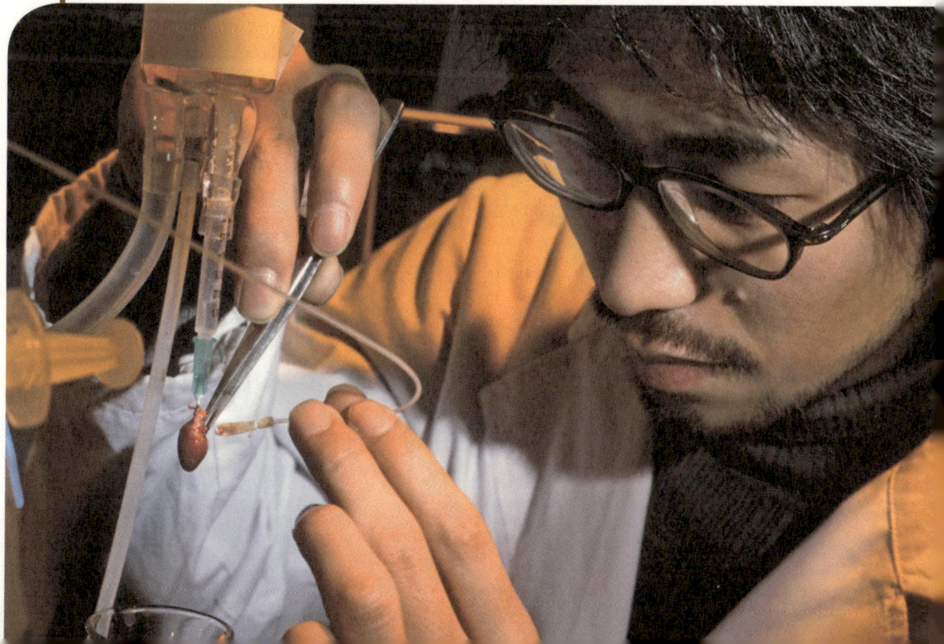

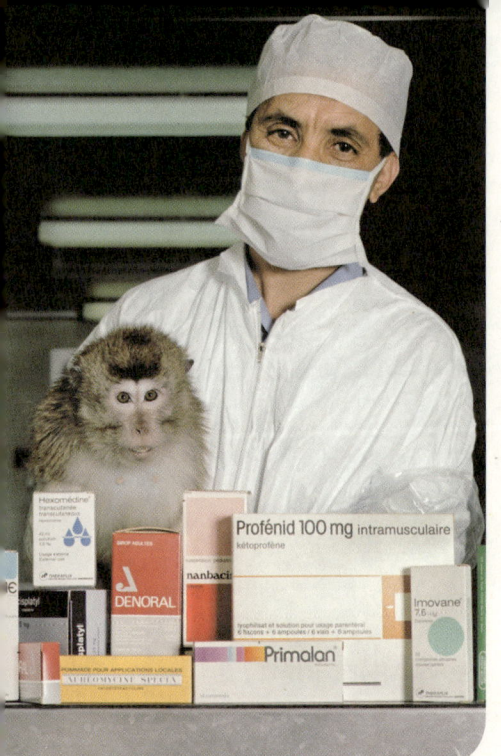

한 의사가 동물실험을 거쳐 개발된 의약품을 전시해 놓고 원숭이와 함께 포즈를 취하고 있다.

임상 시험

세계 여러 나라에서는 새로운 약품을 시판하기 전에 반드시 동물실험을 거치도록 규정하고 있습니다. 영국에서는 생물의학 연구에 사용되는 실험동물 중에서 약품 안전성 검사에 사용되는 동물의 수가 10퍼센트에 이릅니다. 약품 안전성 검사의 첫 단계에는 개별 세포와 조직에 대해 검사를 시행하고 그다음에는 동물에, 마지막으로 인간에게 실험하는 과정을 거칩니다.

동물실험 찬성론자들은 동물에게 약품 안전성을 시험하는 과정이 임상 시험에 참가하는 인간 지원자와 환자의 안전을 위해 꼭 필요하다고 주장합니다. 또한, 신약은 대개 동물보다 사람에게 더 많이 실험하고 있다고 말합니다. 그리고 동물들이 실험 대상으로 사용될 때는 신약 개발 과정에서 그 새로운 약이 유용한 효과를 발휘할 것이라는 확신을 가질 경우에 한한다고 주장합니다.

반면 동물실험을 반대하는 사람들은 동물과 인간이 생물학적으로 뚜렷한 차이가 있고 행동 양식이 다르다는 점도 중요하지만, 동물은 자신의 상태를 구체적으로 알릴 수 없다는 점을 내세웁니다. 즉, 동물은 "배가 아파요."라든가 "머리가 아파요."라고 말하지 못합니다. 따라서 실험 과학

사례탐구 TGN1412

2006년 3월 13일 영국 런던의 노스윅파크 병원에서 건강한 남성 여섯 명이 신약 TGN1412의 시험에 참가하였다. 그런데 약을 소량 주사한 뒤 이들의 머리와 몸이 부풀어 오르기 시작했다. 이들은 심각한 고통을 호소하다가 결국 중환자실로 옮겨졌다. 한 목격자는 다음과 같이 말했다.
"시험 참가자들이 도미노처럼 쓰러졌어요. 열이 난다고 불평하면서 셔츠를 찢었고 몇 명은 머리가 터질 것 같다고 소리를 질렀어요. 그 뒤 졸도하고, 토하면서 침대에서 고통으로 몸을 비틀기 시작했어요."

가장 심한 증상을 보였던 한 참가자는 심부전, 간부전, 신부전, 폐렴, 패혈증(혈액 중독) 등을 겪었으며 손가락과 발가락을 몇 개 절단해야만 했다. 문제는 이 약이 이미 동물실험을 거쳤다는 것이었다. 무려 임상 시험의 500배에 달하는 용량을 투여했지만, 흰쥐와 개는 이와 비슷한 반응을 보이지 않았던 것이다. 원숭이에게 투여했을 때도 림프샘이 부어오르기는 했지만, 이토록 심한 부작용이 나타나지는 않았다. 영국제약업협회의 대변인인 리처드 레이는 다음과 같이 말했다.
"이것은 몇백 년에 한 번 있을까 말까 한 사건입니다. 이와 비슷한 예는 적어도 제 기억으로는 없습니다."

반면 '사회 속의 과학' 협회의 피터 선더스 교수는 이 사건에 대해 다음과 같이 논평했다.
"불행하게도 모든 종은 서로 다르며, 설치류나 원숭이에게 부작용이 나타나지 않았다고 해서 그 약품이 인간에게 안전하다는 증거가 되지는 않습니다."

자가 실험대상 동물이 아프다는 명백한 징후를 보지 못하면 멋대로 추측할 수밖에 없습니다. 그리하여 과학자들은 종종 동물이 당하는 고통을 과소평가하게 됩니다. 또한 인간에게 이롭다고 밝혀졌지만, 동물에게는 해로운 작용이 나타나는 약품도 더러 있습니다. 이렇듯 동물과 인간이 다른 반응을 보이기 때문에 신약 개발에 동물실험이 큰 도움이 되지 않는다는 것이지요.

간추려 보기

- 동물실험에 찬성하는 사람들은 인간이 생리학적으로 다른 동물과 유사하므로 동물을 연구하면 유용한 정보를 얻을 수 있다고 주장한다.
- 반면 동물실험을 반대하는 사람들은 인류의 건강 상태가 개선된 것은 동물실험 덕분이 아니라 사람들의 생활환경이 개선되었기 때문이라고 주장한다.
- 동물실험 찬성론자들은 인체의 각 부분이 상호작용하고 조절되는 원리를 알기 위해 살아 있는 생체를 연구할 필요가 있다고 주장한다.
- 반면 반대론자들은 민간 기업의 이윤을 불려주기 위해 불필요한 실험들이 숱하게 자행되고 있다고 주장한다.
- 동물실험 찬성론자들은 우선 동물실험을 거쳐 인간에게 해로운 약품을 걸러내지 않으면 TGN1412 임상 시험과 같은 재앙이 훨씬 더 자주 발생할 것이라고 말한다.
- 반면 동물실험 반대론자들은 TGN1412 임상 시험이 바로 동물실험이 불필요하다는 증거라고 주장한다. 실험을 거쳤는데도 인간에게 부작용이 나타났기 때문이다.

4
CHAPTER

독성 시험

안전성 시험이 널리 확대되면서, 고의로 동물을 중독시키는 실험이 과연 윤리적이며 인도적인지 의문이 제기되었습니다. 예를 들어 새로 나온 화장품이나 가정용품을 출시하기 위해 동물에게 해를 입히는 것이 허용될 수 있는지, 그리고 이런 동물 연구를 통해 얻은 데이터를 인간에게 적용해도 되는지 논란이 일고 있지요.

안전성 시험, 즉 독성 시험은 동물을 이용하는 실험 가운데서도 가장 뜨거운 논란을 불러일으킵니다. 초기의 독성 시험 방법은 다소 엉성하지만, 다음과 같았습니다. 1960년대까지 광부들은 지하에 메탄과 같은 유독성 가스가 있는지 알아보기 위해 카나리아를 새장에 넣어 갱 속에 데리고 들어갔습니다. 카나리아가 죽으면 위험을 알아차리고 재빨리 땅 위로 올라가는 식이었죠.

제품시험

오늘날 독성 시험은 전문적인 동물실험 기관이 제약회사나 화학회사의 의뢰를 받아 시행합니다. 매년 수백만 마리의 동물들이 사람이 접촉하는 약품이나 화학물질의 독성을 시험하는 데 이용되고 있습니다. 특히 미국에서는 의학 연구 목적으로 쓰이는 동물과는 달리 제품 시험에 주로 이용되는 생쥐와 흰쥐에 대한 규제가 없습니다. 보통 제품 시험은 동물을 마취하지 않은 채 이루어집니다. 마취가 올바른 결과를 얻는 데 방해가 될 수 있기 때문입니다.

옛날에는 가스분출과 폭발 때문에 갱 속에서 광부들이 사망하는 일이 빈번하게 일어났다. 그래서 광부들은 유독가스에 질식할 것을 대비해 광산 안에 새장을 들고 들어가곤 했다.

알아두기

유럽연합은 A-Cute-Tox라고 불리는 프로젝트의 자금을 지원하고 있다. 이 프로젝트의 목표는 현재 이용되고 있는 독성 시험을 대체할 인비트로 (in-vitro : 동물을 이용하지 않고 세포나 컴퓨터를 이용해 시험관에서 실험하는 방식) 시험 기술을 개발하는 것이다.

윤리적인가, 비윤리적인가?

안전성 시험이 널리 확대되면서, 고의로 동물을 중독시키는 실험이 과연 윤리적이며 인도적인지 의문이 제기되었습니다. 예를 들어 새로 나온 화장품이나 가정용품을 출시하기 위해 동물에게 해를 입히는 것이 허용될 수 있는지, 그리고 이런 동물 연구를 통해 얻은 데이터를 인간에게 적용해도 되는지 논란이 일고 있지요.

암이나 장애아 출산같이 인간에게 직접적인 피해를 주거나 환경을 오염시킬 우려가 있는 제품을 가려내려면 안전성 시험이 필요하다는 주장도 있습니다. 제품의 **독소**가 인간에게 미치는 영향을 측정할 수 있

개 한 마리가 프랑스의 위생국 실험실에서 실시하는 안전성 시험을 기다리며 수술대 위에 앉아 있다.

는 유일한 방법이 동물실험이라는 것이지요. 그러나 동물에 대한 안전성 시험을 윤리적 이유에서 받아들일 수 없다는 의견도 있습니다. 요컨대 사치품이나 화장품 등 생존에 반드시 필요한 생활필수품이 아닌 제품을 생산하기 위해, 또는 혹시 있을지 모르는 피해보상 소송을 미리 방지하기 위해 동물에게 불필요한 고통을 가하고 있다는 것이죠. 안전성 시험을 반대하는 이들은 안전성 시험이 시대에 뒤떨어진 데다 시간과 비용이 많이 들기 때문에 다른 대안을 마련해야 한다고 주장합니다.

여러분의 생각은 어떤가요?

"동물실험을 시행하는 이유는 그것이 반드시 합리적이기 때문이 아니라, 단지 그 과정이 편하기 때문이다."
— 멜빈 앤더슨(미국 노스캐롤라이나 해머보건전문대학 컴퓨터 기반 시스템생물학부 학과장)

"기업들은 대체방법 개발에 무한정 돈을 쏟아붓고 있으며 새로운 방법에 대해 정부 규제 당국보다 더 잘 알고 있다. 그런데도 당국은 여전히 동물을 이용하는 것이 안전한지 입증하라고만 하고 있다."
— 로저 커렌(인비트로 과학 연구소 소장으로 실험에 동물을 이용하지 않는 대안을 연구하고 있다.)

치사량 50의 비밀

안전성 시험을 할 때 과학자들은 화학물질을 동물의 눈 또는 피부에 바르거나 주사로 몸속에 주입하는가 하면, 강제로 먹이거나 흡입하도록 합니다. 가장 논란이 치열한 시험 방법의 하나는 LD50(Lethal Does 50; 치사량 50)입니다. LD50이란 시험대상 개체 수의 50퍼센트를 죽이는 데 필요한 분량을 뜻하며, 특정 물질이 얼마나 독성이 있는지를 밝혀내는 기준치가 됩니다. 사람을 대상으로 하는 임상 시험에서는 보통 치사량 10(실험동물의 10퍼센트를 죽이는 용량)의 10분의 1을 최초로 투여하게 된다고 합니다.

2005년에 전 세계에서 시행된 모든 동물 안전성 시험의 3분의 1이 LD50이었습니다. 2008년 〈워싱턴포스트〉지는 이 시험법이 보툴리눔 독소를 원료로 만든 제품인 보톡스의 강도를 측정하는 데 사용되었다고 폭로하였습니다. 보톡스는 사시를 비롯한 여러 가지 질환을 치료하는 데 사용되기

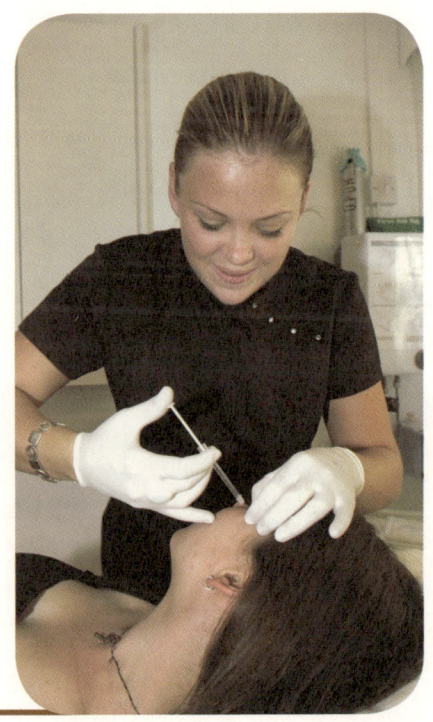

보톡스는 인기 있는 미용 치료제다. 그러나 사람의 주름살을 몇 달 동안 감추기 위해 동물에게 고통을 주는 것이 옳은 일일까?

도 하지만 대부분은 주름살을 펴는 노화방지 치료, 즉 미용 목적으로 이용되고 있습니다. LD50 시험 과정을 살펴보면, 우선 이러한 물질이 인간에게 해를 끼칠 가능성을 알아보기 위해 생쥐에게 보톡스 샘플을 주입합니다. 생쥐는 몸이 마비되고 결국 질식해서 죽게 됩니다. 최근 보톡스에 대한 수요가 증가하면서 생산량이 더 늘어나고 있으며, 이에 따라 더 많은 동물이 실험에 동원되어 고통받고 있습니다.

드레이즈 테스트

드레이즈 테스트(안(眼) 자극성 시험)는 샴푸 등의 신제품이 지닌 자극의 정도를 측정하는 데 사용됩니다. 이 시험에서는 시험물질을 동물(주로 설치류나 토끼)의 눈이나 피부에 바른 뒤 몸통을 장치에 고정해 긁거나 문지르지 못하게 한 뒤 결과를 기록하지요. 그러나 드레이즈 테스트가 동물에게 필요 이상으로 극심한 고통과 스트레스를 안겨줄 뿐만 아니라 실생활에서 인간이 그 실험물질에 노출되는 상황을 완전히 반영하지 못한다는 의견도 있습니다. 고통을 줄인 '저용량 안구시험'이 새로 개발

> **알아두기**
>
> 캐나다에서는 화장품에 대한 동물실험이 거의 시행되지 않지만 새로운 재료를 개발했을 때는 예외적으로 인정한다. 따라서 화장품에 '동물실험을 거치지 않음'이라고 적혀 있더라도 그 안에 첨가된 재료는 동물실험을 거쳤을 수도 있다.

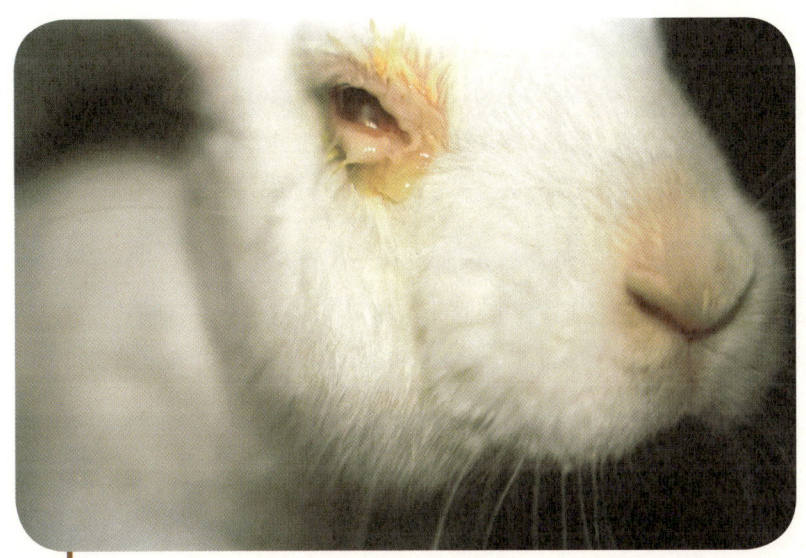

토끼가 드레이즈 테스트를 받고 있다. 드레이즈 테스트는 잔인한 실험 과정 때문에 논란을 불러일으킨다.

되기는 했지만, 아직 기존의 시험방법을 완전히 대체하지는 못한 상황이에요.

최근의 변화

의학 연구를 위해 동물을 이용하는 문제에 대해서는 여전히 찬반양론이 치열합니다. 실험 목적과 잠재적 혜택 그리고 동물이 고통받는 정도에 따라 사람들의 의견은 달라집니다. 특히 실험의 목적이 인간 생존에 반드시 필요한 의료·보건 영역이 아닌 경우에는 논란의 여지가 더욱 크지요.

이러한 여론은 전 세계로 퍼져 나가고 있으며, 실제로 유럽에서는 최근 몇 년 사이에 화장품 시험에 이용되는 동물의 수가 획기적으로 줄었습니다. 독일, 네덜란드, 영국, 스위스는 한발 더 나아가 완제품의 동물실험을 금지했습니다. 이에 따라 유럽연합 또한 화장품 관련 규정을 제정해 2004년부터 완제품에 대한 동물실험을 금지했으며, 차차 단계적으로 범위를 넓혀 2013년 3월까지 화장품 제조에 쓰이는 모든 성분에 대한 동물실험을 전면금지하겠다고 밝혔습니다. 최근에는 독성 시험에 동물을 이용하지 않는 대안을 찾자는 목소리도 점점 커지고 있습니다.

한편 유럽공동체는 리치(REACH; 화학물질을 등록, 평가, 신고, 허가, 제한하는 제도로 등록되지 않은 물질은 시장에 나올 수 없도록 함)라고 불리는 새로운 법률을 제정하여 화학물질의 안전성을 증명하도록 강제하겠다고 밝혔습니다. 이 법률은 동물실험을 최소화하고 사전에 관계 당국에 동물실험 시행을 허가받도록 하고 있지만, 수많은 독성 시험 역시 의무화하고 있습니다. 이 때문에 결국은 또 다른 대규모의 동물실험이 불가피할 것이라는 우려가 나오고 있습니다.

간추려 보기

- 동물실험 찬성론자들은 특정 제품에 대한 동물실험이 법으로 정해져 있으므로 어쩔 수 없다고 주장한다.
- 동물실험 반대론자들은 안전성 시험은 잔인하며 잘못된 결과를 제공할 수도 있다고 말한다.

5 CHAPTER

해부 실습에 이용되는 동물들

동물의 신체 부위와 사체는 오랫동안 중·고등학교와 대학에서 해부용으로 사용되어 왔습니다. 해부 실습이 과학 교육에 도움이 된다는 생각 때문이지요. 우리나라에서도 한 고등학교에서 개와 고양이 등 유기동물 사체를 해부 실습에 이용한 사실이 밝혀지면서 거센 논란에 휩싸이기도 했습니다.

동물의 신체 부위와 사체는 오랫동안 중·고등학교와 대학에서 해부용으로 사용되어 왔습니다. 해부 실습이 과학 교육에 도움이 된다는 생각 때문이지요. 우리나라에서도 한 고등학교에서 개와 고양이 등 유기동물 사체를 해부 실습에 이용한 사실이 밝혀지면서 거센 논란에 휩싸이기도 했습니다. 교육 목적으로 이루어지는 해부는 어떻게 바라봐야 할까요?

해부에 대한 논란

그동안 학계와 교육계는 동물의 올바른 관리와 이용에 관해 지침을 마련해 왔습니다. 동물실험을 지지하는 사람들은 이를 근거로 교육 현장의 당사자들이 수업에 해부를 활용할 것인지 선택할 권리가 있다고 주장합니다. 일부 학생들이 해부 실험을 반대하는 것을 무시할 수 없지만, 생물 교사들은 해부 실습을 잘 지도하고 있으며, 지금으로서는 해부 실습을 대체할 방법이 없다는 것입니다.

동물 해부를 반대하는 사람들은 과학적으로든 교육적으로든 해부를

정당화할 명분은 없다고 주장합니다. 해부를 한 학생들이 하지 않은 학생보다 시험 성적이 반드시 좋은 것도 아니며, 해부를 하지 않고도 해부 모형이나 영화, 모의 실험장치 등 대안을 활용해 비슷하거나 더 우수한 교육 효과를 거둘 수 있다는 것이지요. 또한, 동물 해부 실습은

미국 텍사스 주의 한 학교에서 학생들이 수업 시간에 개구리를 해부하고 있다.

여러분의 생각은 어떤가요?

"동물 해부를 통해 학생들은 관찰력과 비교 능력, 책임감 그리고 생명의 통일성, 상호관계, 복잡성 등에 대한 이해력을 키워나갈 수 있다."
— 미국 노스캐롤라이나 과학교사협의회

"어린 시절 동물을 상대로 가학적인 행동을 체험한 학생들은 나중에 자라서 다른 인간에 대해서도 가학적이고 잔인한 행동을 할 가능성이 높다. 실제로도 연쇄살인범들이 공통으로 어린 시절 동물을 학대한 경험이 있다고 한다. 따라서 나는 청소년들에게 생체 해부를 가르치는 것이 모든 형태의 교육 중에서 심리학적으로 가장 위험하다고 생각한다."
— 리처드 라이더(과학자이자 동물보호운동가)

학생들을 비인간적인 존재로 만들며 생명에 대한 외경심을 느끼지 못하게 한다는 주장도 있습니다. 교육은 환경에 책임감을 느끼고 생명체를 존중하는 학생들을 키워내기 위한 목적으로 이루어져야 하는데, 해부는 동물의 생명을 소모품처럼 여기도록 하므로 부당하다는 것입니다.

대안으로는 동물의 해부학적 구조를 비롯하여 기능의 물리적 형태와 복잡성을 자세히 나타낸 모형을 사용하는 방법이 있습니다. 이러한 모

사례탐구 **개구리 해부를 거부한 학생**

브랜든 스키스는 2005년 당시 미국 버지니아 주 타이드워터대학에 다니던 학생으로 육류, 생선, 달걀 또는 우유 같은 동물성 식품을 먹지 않는 채식주의자였다. 또한 PETA(동물의 윤리적 대우를 바라는 사람들의 모임)라는 단체에서 자원봉사 활동을 하고 있었다.

스키스는 대학 졸업 후 과학 교사가 될 생각이었으나, 생물 실험실에서 개구리 해부를 하게 되었을 때 수업 참가를 거부했다. 그 대신 해부에 반대하는 학생들에게 대학이 선택권을 줄 것을 요구하며 청원서에 서명을 받으러 다니기 시작했다. 이러한 노력 끝에 스키스는 대학으로부터 기말고사에서 3차원 동물 모형을 가져와 해부해도 좋다는 허락을 받았다. 그러나 그런 모형을 구할 수가 없어서 시험에서 낙제하고 말았다. 낙제한 뒤에도 스키스는 자신의 행동을 후회하지 않았다. 그는 이렇게 말했다.

"아버지께서 해부를 거부하는 일이 과연 할 만한 가치가 있는지 물어보셨을 때, 저는 너무나 당연한 일이라고 대답했어요. 저에게는 도덕과 원칙이 학점 따는 것보다 더 가치 있는 일이에요."

형은 분해하고 나서 다시 조립할 수 있어 비용 면에서도 효율적입니다. 또 다른 대안으로 해부 과정을 설명하는 동영상 강의가 있습니다. 사진과 슬라이드 역시 동물의 해부구조와 생리를 연구하는 데 사용할 수 있습니다. 게다가 최근에는 컴퓨터를 이용하여 학생들이 해부를 실행해 볼 수 있는 DVD 제품도 출시되어, 생체조직을 자세히 관찰하는 등 해부의 특정 단계에 집중해서 공부할 수 있게 되었습니다.

간추려 보기

- 학교에서는 과학 교육을 위해 동물 해부 실습을 시행한다. 이에 찬성하는 사람들은 해부 실습을 대체할 방법이 없다고 말한다.
- 해부 실습을 반대하는 사람들은 해부를 하지 않아도 대안을 활용해 더 나은 교육 효과를 거둘 수 있다고 한다. 또한, 해부 실습이 학생들을 생명이란 가치에 무감각하게 하여 비인간적인 존재로 만든다고 주장한다.

CHAPTER 6

실험동물의 권리와 복지

동물은 자신의 '권리'에 대해 인지하지 못하고, 표현하지도 못합니다. 그럼에도 동물에게 권리가 보장되어야 할까요? 과학적 발견을 위해 동물을 희생시키는 것, 가령 인간의 통증을 덜어주는 약품을 검증하기 위해 동물에게 고통을 가하는 것이 정당한가요?

오늘날에는 동물의 복지 수준이 높을수록 과학 발전에 도움이 된다는 주장이 힘을 얻고 있습니다. 실험 과정에서 동물이 고통받지 않도록 해야 더 객관적인 결과를 얻을 수 있다는 뜻이지요. 이를 위해서는 동물을 자세히 관찰하여 통증이나 스트레스, 괴로움을 인식하고 평가하여 완화하거나 최소화하는 방법을 알아내야 합니다.

실험동물의 환경

동물실험을 찬성하는 사람들은 지난 20년간 실험동물의 환경이 꾸준히 개선되었으므로 과학 연구와 실험에 동물을 사용해도 큰 문제가 없다고 말합니다.

예를 들어, 과거에 실험용 원숭이들은 한 방에 빼곡히 들어찬 우리 수십 개 안에 한 마리씩 갇혀서 사육되었습니다. 그러나 연구 결과, 원숭이는 다른 개체와 어울리는 등 사회적 자극이 없는 경우 심한 스트레스를 받고 비정상적인 행동을 보인다는 사실이 밝혀졌습니다. 지금도

실험실 원숭이들은 야생에서처럼 집단사회를 이루어 살 때 더 행복해한다.

일부 국가에서는 여전히 원숭이를 한 마리씩 사육하고 있어요. 그러나 요즘 많은 나라에서는 원숭이들이 타고 올라갈 밧줄과 나뭇가지를 비롯해 심리적 안정감을 주는 다양한 장치를 설치해주고 집단사회를 이룰 수 있도록 배려하는 추세입니다.

관련 법률의 제정

유럽 여러 나라에서는 국제법 또는 국내법, 지방법규, 윤리위원회를 통해 실험동물의 복지를 보장하고 있습니다. 동물실험을 규제하는 법을 최초로 도입한 나라는 영국이에요. 1876년에 동물학대방지법이 도입되었고 1986년에는 적절한 동물 수용시설과 수의학 설비를 갖춘 연구기관과 기업에서만 동물실험을 시행하도록 규정하는 법률이 제정되었습니다.

이 기관들은 반드시 면허를 받아야 하며, 승인된 연구 프로그램이나 시험 프로그램에만 동물을 이용할 수 있습니다. 동물실험을 수행하는 사람은 공식 훈련과정을 거쳐 자격을 취득하고 숙련된 기술과 경험을 갖추고 있어야 합니다. 또한, 실험 기관에서는 실험에 사용되는 동물이 겪는 상해 또는 고통의 정도를 객관적으로 기록하고 측정해 두어야 합니다. 동물실험 찬성론자들은 이러한 영국의 정책을 환영하며, 대안이 있을 때는 가급적 동물을 사용하지 않도록 제재하면 불필요한 고통을 줄일 수 있을 것이라 말합니다.

실험동물이 느끼는 고통

동물실험 반대론자들은 실험동물이 느끼는 고통과 괴로움의 정도를 중요하게 여깁니다. 미국 농무부에 따르면 2006년에 실험 과정에서 통증을 겪은 동물은 생쥐와 흰쥐, 새, **무척추동물**을 제외하고 약 67만 마리

> **알아두기**
>
> 동물실험을 찬성하는 사람들은 고기와 가죽 제품을 만들기 위해 동물을 죽이는 행위보다 동물실험이 더 잔인하다고 할 수 있는지 의문을 던진다. 또한 그들은 매년 알려진 인간의 동물학대 행위만도 수만 가지가 넘는다고 지적한다.

가정에서 키우는 개들처럼 실험실 개들도 무리지어 다니며 여러 가지 장난감을 가지고 놀기를 즐긴다.

입니다. 이중 약 42만 마리의 동물들은 진통제를 투여받고 시험에 이용되었지만 8만 4천 마리의 동물은 진통제를 투여받지 못했습니다. 영국에서는 동물이 느끼는 고통에 따라 실험을 강함, 중간, 약함의 세 가지 수준으로 분류합니다. 여기에 속하지 않고 별도로 지정한 네 번째 범주가 있는데, 이는 동물이 마취에서 깨기 전에 죽는 수준을 의미합니다.

동물도 고통을 느낄까?

실험동물에게는 어느 정도의 고통이 가해질까요? 동물도 인간과 똑같은 방식으로 고통과 괴로움을 겪을까요? 오래전부터 이 문제는 논란거리가 되어 왔습니다. 1980년대까지도 동물은 고통을 느끼지 않는다는 데카르트의 주장(21쪽 참조)이 널리 펴져 있었습니다. 그러나 현재는 동물도 통증, 괴로움, 공포, 지루함 등 여러 가지 부정적 느낌을 인식한다고 알려져 있습니다.

물론 오늘날에는 정부 차원에서 여러 가지 규제를 마련해 실험동물이 느끼는 고통을 최소화하고 반드시 필요한 경우에만 동물을 실험 대상으로 사용하도록 제한하고 있지요. 하지만 이 역시 충분하지 않다고 여기는 사람이 많아요. 실험자 개개인의 행동을 통제할 수 없으므로 개인의 양심에 맡겨야 하는데, 이로써는 동물을 학대하는 소수 실험자를 막을 수 없기 때문입니다. 또한, 동물을 실험실에 가두는 행위 자체가 동물에게 스트레스와 괴로움을 안긴다고 주장합니다.

동물의 권리를 어디까지 인정해야 할까?

1970년대와 80년대에 일부 과학자와 철학자들은 동물을 대하는 인간의 태도, 특히 실험동물을 이용하는 행위를 비판했습니다.

과학자들은 인간 지능의 특성에 대해 더 많이 밝혀내기 위해 이런 실험을 하고 있다.

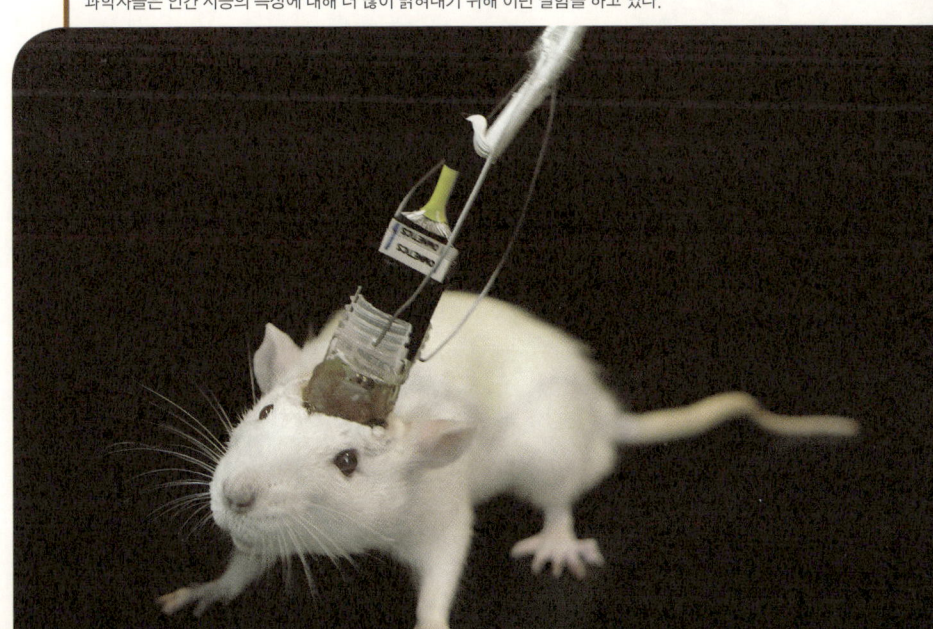

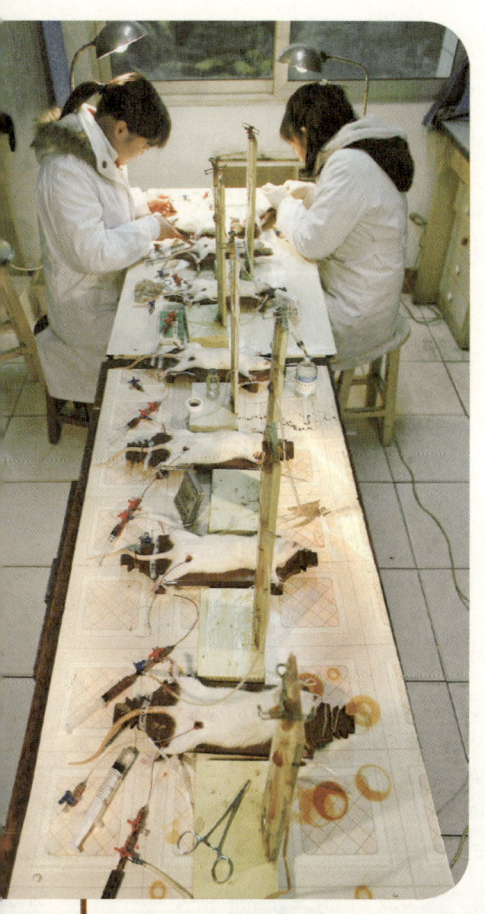

2008년 중국의 한 실험실에서 의학 연구자들이 흰쥐를 대상으로 시험하고 있다.

1975년 오스트리아의 철학자 피터 싱어는 저서 《동물해방》에서 사회 전반에 널리 퍼져 있는 동물 학대의 실태를 폭로하였습니다. 노스캐롤라이나대학 철학과 교수인 톰 리건은 모든 종류의 동물 착취에 반대하며, 이는 개혁의 수준을 넘어 전면금지로 가야 한다고 주장했습니다.

그런데 동물은 자신의 '권리'에 대해 인지하지 못하고, 표현하지도 못합니다. 그럼에도 동물에게 권리가 보장되어야 할까요? 어린아이들 또한 권리가 무엇인지 이해하지 못하지만, 사회는 아동 또한 권리를 가진 인간으로 인정합니다. 이런 맥락에서 동물의 권리도 인정할 수 있는 걸까요? 그렇다면 일부 동물(예를 들면 유인원)이 다른 동물보다 더 많은 권리를 가져야 하나요? 과학적 발견을 위해 동물을 희생시키는 것, 가령 인간의 통증을 덜어주는 약품을 검증하기 위해 동물에게 고통을 가하는 것이 정당한가요? 왜 우리 인간의 고통이 다른 동물의 고통보다 중요한가요? 한 집단의 동물을 이용하여 다른 집단을 돕는 것이 과연 옳은 일일까요?

여러분의 생각은 어떤가요?

"동물들이 생각하지 못하는 것이 문제인가? 아니면 말을 하지 못하는 것이 문제인가? 그런데 고통을 받을 수는 있으니까 더 문제가 되는가?"
― 제러미 벤담(철학자)

"동물이 겪고 느끼는 고통의 정도는 인간의 고통에 비하면 아주 미미하다고 밝혀진 증거도 있다. 그러나 우리는 우리 자신의 경험을 동물 세계에 투사해 동물의 고통을 이해하는 것에 불과하다."
― 스튜어트 더비셔(미국 피츠버그대학교 마취학과 조교수)

동물의 생존권

동물실험 반대론자들은 동물도 인간과 같은 생존권이 있으며 인간의 연구를 위한 희생은 불필요할 뿐만 아니라 살인과 다름없는 짓이라고 주장합니다. 동물권리운동의 선구자이자 '종차별speciesism'이라는 용어를 만든 리처드 라이더는 다음과 같이 주장했습니다. "어린이들과 젊은이들이 과학을 좋아하지 않는 주된 이유 중 하나는 실험실에서 잔인한 일이 벌어지기 때문이다."

만약 그의 주장이 옳다면 과학계는 가능한 한 인간적으로 동물을 대할 필요가 있습니다. 그러지 않으면 과학을 공부하고자 하는 젊은이들이 점점 줄어 미래의 과학자가 줄어들 테니까요.

동물해방

오늘날 동물권리 논쟁에서 흥미로운 점은 바로 동물권리 운동가들이 극단적이고 폭력적인 수단을 사용하는 예가 늘었다는 사실입니다. 실제로 1999년 영국의 한 동물보호단체는 동물을 이용하여 안전성 시험을 하는 연구기관인 헌팅던생명과학HLS을 강제로 업계에서 퇴출시키는 운동을 시작하였습니다. 이 과정에서 폭력적인 수단이 동원되어 회사 직원들이 겁에 질려 집이나 직장에서 나오지 못할 정도였습니다. 임직원의 자동차에 화염병을 던진 사례도 있었다고 합니다. 2001년에는 운동가 세 명이 야구방망이를 휘두르며 전무이사를 공격하여 큰 상처를 입히기도 했습니다.

운동가들은 주장을 관철하기 위해 보다 다양한 방법을 동원하기 시작하였습니다. 2004년 무렵 헌팅던생명과학과 거래하던 회사 여덟 곳이 헌팅던동물학대중지Shac 운동에 동참해 거래 중단을 선언했습니다. 헌팅던동물학대중지 운동가인 그렉 에이버리는 다음과 같이 말하고 있습니다.

"사업가들은 윤리에 신경 쓰지 않

2004년 한 동물권리 운동가가 강아지 탈을 쓰고 헌팅던생명과학HLS의 동물 학대를 고발하는 포스터를 보여주고 있다.

헌팅던생명과학(HLS)에서 한 연구자가 실험용 흰쥐를 점검하고 있다.

는다. 그들이 신경 쓰는 것은 오로지 이윤이다. 그들은 윤리적으로 생각하지 않고, 돈을 많이 버는 방법을 택할 뿐이다. 따라서 우리는 운동의 방향을 전환할 것이다. 즉, 우리는 회사의 아픈 곳을 공격할 것이며 그건 바로 그 회사의 호주머니가 될 것이다."

이러한 운동의 영향으로 과학자들은 극단적인 동물권리 운동가들의 표적이 되는 것을 우려하여 자신들의 연구를 공개적으로 발표하지 않게 되었습니다. 이로 말미암아 과학 실험에 동물을 이용하면서 비밀 유지를 하는 과학자들에 대한 비난이 일고 있다고 합니다.

물론 헌팅던생명과학 같은 실험실에서 시행하는 동물실험이 중요한 역할을 한다고 주장하는 사람들도 있습니다. 그러나 한편으로는 무슨 이유에서든 동물을 실험에 이용하는 것을 절대로 받아들일 수 없다며 폭력 행위도 서슴지 않는 이들도 있어요. 그리고 동물실험에는 반대하지만, 폭력이나 협박을 사용해서는 안 된다는 목소리도 있지요.

그렇다면 시위할 권리는 어디까지 허용되는 걸까요? 자신의 의견을 다른 사람들에게 강요하기 위해 협박을 하거나 폭력을 쓰는 등 극단적인 수단을 동원해도 될까요? 아니면 정부가 시위할 권리를 제한해야 하나요? 동물보호단체는 종종 합법적인 실험을 하는 기업에까지 폭력적인 방식으로 압력을 가합니다. 이러한 행위는 과연 정당할까요? 철학자 피터 싱어는 2001년에 다음과 같이 말했습니다.

"이 문제는 도덕적인 논점이 첨예하게 대립하는 최전선인 동시에, 합의에 도달하기에 가장 어려운 문제다."

여러분의 생각은 어떤가요?

"인간을 비롯해 생명체를 보호한다는 구실로 수백만 마리의 동물이 불필요하게 희생되는 한, 우리는 바람직한 신체적, 환경적, 정신적 건강을 결코 성취할 수 없을 것이다."

– 알릭스 파노
(저서 《위험한 법: 동물실험, 인간의 건강 그리고 환경정책》, 1997년)

"동물권리 운동가들은 동물실험의 잔인함을 들어 과학자들이 고문에 가까운 행위를 한다고 주장한다. 이 과정에서 오래전에 금지된 실험을 찍은 구닥다리 사진을 공개하기도 한다. 하지만 사실을 왜곡해서는 안 된다. 우리는 어떤 상황에서건 열정을 가지고 동물에 관한 관심과 인간미, 겸손한 태도를 지니고 일한다."

– 로버트 윈스턴(영국 런던 임페리얼대학 생식학과 명예교수)

컴퓨터 모델링, 로봇 등 현대적인 기술을 이용해 동물실험을 줄여나갈 수 있다.

3R 원칙

동물실험의 윤리적 문제가 불거지자 대중의 우려를 잠재우기 위해 3R이라는 개념이 등장했습니다. 3R이란 1959년에 영국의 과학자 윌리엄 러셀과 렉스 버치가 정한 세 가지 원칙을 말합니다. 바로 대체하기 replace, 줄이기 reduce, 개선하기 refine입니다. 이 3R 원칙은 현재 실험동물의 인간적 대우에 관한 윤리적 기준으로 전 세계에서 통용되고 있습니다.

이 원칙의 이념은 가능한 한 동물실험을 줄이고 동물 사용 이외의 방법으로 대체하는 것입니다. 과학자들은 동물실험을 불가피하게 시행하더라도 이 3R 원칙에 따라 실험동물의 수를 줄이고 고통, 괴로움, 해로움을 최소화하기 위해 실험 환경을 개선해야 합니다.

대체하기(Replace)

가능한 한 동물실험을 피하거나 대체하는 연구·시험방법입니다. 인간조직공학, 줄기세포 기술, 컴퓨터 모델링 등 새로운 과학 기술이 개발되면서 이제는 일부 연구 분야에서 동물 대신 다른 방법을 이용할 수 있게 되었습니다. 특히 독성 시험을 대체하기 위해 과학자들이 노력을 기울인 결과, 일부는 성공을 거두었어요. 그 대표적인 예가 바로 피부에 미치는 물질들의 영향을 시험하는 것입니다.

과학자들이 '대체'를 선호하는 이유가 비단 윤리적이기 때문만은 아닙니다. 동물실험을 하지 않는 편이 돈이 적게 들고 유용한 정보를 더 빨리 얻어낼 수 있는 경우도 많기 때문입니다.

줄이기(Reduce)

3R 중 두 번째는 실험에 이용되는 동물의 개체 수를 줄이는 것입니다. 그러나 의미 있는 결과를 얻는 데 필요한 최소치 이하로는 줄이기

알아두기

연구자들은 교육에서 동물 이용을 대체할 방법을 찾고 있다. 2005년에 독일 동물실험 대안 수집 및 평가 중앙사무국의 이사인 호르스트 스필만은 언론에 다음과 같이 말했습니다.

"교과 수업 중에 동물을 굳이 사용할 필요가 없다. 실제로 동물실험을 해보지 않고도 의사, 수의사, 생물학자가 될 수 있다는 사실이 여러 국가에서 증명되고 있다."

어렵다고 합니다. 만약 너무 적은 동물을 사용하면 그 결과를 신뢰할 수 없게 되어 실험이 반복될 것이고, 결국 더 많은 동물을 희생시키게 될 것이기 때문입니다. 그러나 너무 많은 동물을 사용하면, 결과는 신뢰할 수 있겠지만 불필요한 희생이 일어나겠지요.

개선하기(Refine)

실험 절차와 동물에게 영향을 미치는 다른 요소, 예를 들면 번식, 수송, 주거, 먹이, 취급 방법을 개선하는 것을 말합니다. 개선의 목표는 실

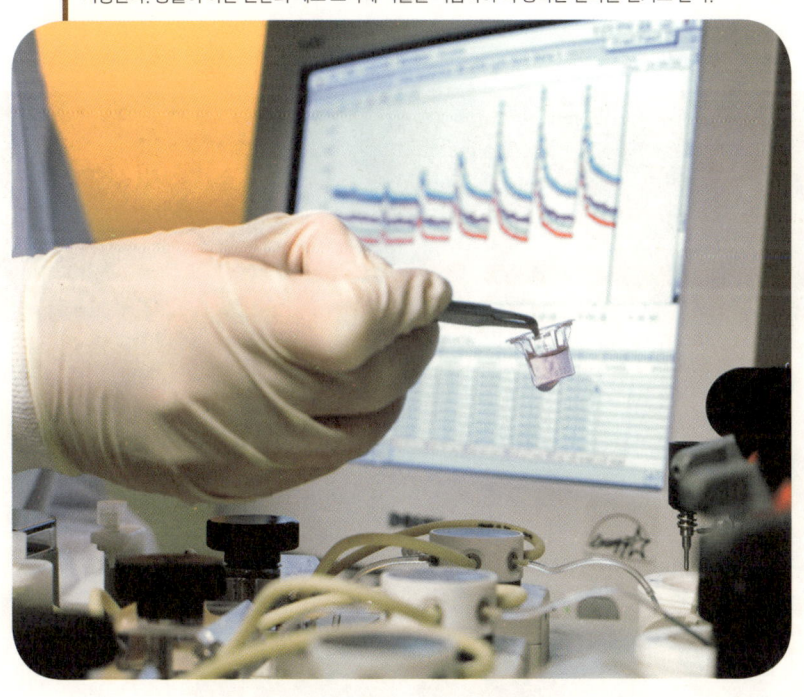

연구소 기술자가 인간 세포가 담긴 작은 용기를 집게로 들고 있다. 이 세포는 약물 시험에 사용된다. 동물이 아닌 인간의 세포 조직에 약물을 시험하여 더 정확한 결과를 얻기도 한다.

험동물의 생활 전반에 거쳐 고통을 줄이고 복지를 향상하는 데 있습니다. 실험실 동물은 특정한 목적을 위해 길러지기 때문에 실험에 이용되지 않더라도 평생 실험실을 떠나지 못해요. 과학자들은 실험실에서의 생활조건을 야생에서의 생활조건과 비슷한 수준으로 배려합니다. 즉 실험동물들을 사회 집단으로 묶어서 더 큰 우리 안에 배치하고, 가지고 놀 수 있는 장난감을 넣어줍니다. 토끼와 설치류 같은 경우 집 지을 재료도 제공합니다. 원숭이에게는 매달릴 수 있는 나뭇가지나 밧줄 또는 숨거나 기어오를 수 있는 구조물을 설치해줍니다. 그리하여 동물들은 더 안락하고 편안한 환경에서 지낼 수 있지요.

3R은 실험동물의 대우와 생활조건을 개선하는 것을 목표로 한다.

 여러분의 생각은 어떤가요?

"모든 의학 연구자가 가능한 한 적은 동물을 책임감 있게 사용하는 것을 목표로 한다. 실제로 지난 30년 동안 연간 이용되는 동물의 개체수가 절반으로 줄었으며 3R 원칙에 따라 적절한 대안을 찾으려는 노력이 계속되고 있다."

― 헌팅던생명과학HLS 웹사이트, 2008년

"언뜻 보기에 3R 원칙은 합리적으로 보인다. 그러나 실제로는 정말 꼴불견이며 동물 연구자들에게 저급한 견해를 강요하고 동물실험이 문제가 많다는 개념을 조장한다. 3R 원칙은 마치 죄를 고백하는 것처럼 들린다. 실험동물이 필요하며, 어쩔 수 없이 이용해야 하는 '필요악'이라고 설득하기 위한 도구, 이것이 3R 원칙이 주는 인상이다."

― 스튜어트 더비셔(미국 피츠버그대학교 마취학과 조교수)

규제

2005년 영국의 의학윤리학회 너필드생명윤리위원회가 발표한 너필드 보고서에는 영국이 동물 연구와 관련하여 세계에서 가장 상세한 법체제를 가지고 있다고 기술되어 있습니다. 그러나 한편으로는 이러한 규제가 연구자와 동물 사이에 '정서적인 차단막'으로 작용할 수 있다고 덧붙입니다. 즉, 규제를 따르기만 하면 자신이 윤리적으로 행동하고 있다고 여기게 된다는 것이지요. 보고서를 보면 동물을 이용할 자격을 가진 기관에서 동물복지에 관심을 기울이는 문화를 고양할 필요가 있다고 합니다.

　오늘날에는 동물 연구가 전 세계에서 광범위하게 이루어지기 때문에 규제 역시 매우 복잡합니다. 한 국가에서 개발된 화학제품과 약품이라도 나라마다 규제 체제가 제각각이기 때문에 혼란을 겪기도 합니다.

사례탐구 **인비트로 시스템**

　영국 웨일스 카디프대학교의 세포생물학자 필 스티븐스 박사는 현재 당뇨성 궤양 치료제를 찾아내는 **인비트로**(in-vitro) 시스템을 개발하는 중이다. 그는 다음과 같이 말한다.

　"오늘날 당뇨병이 증가하는 추세이며 당뇨병 환자 가운데 15~20퍼센트가 치료할 수 없는 만성 질환에 시달립니다. 이 질환은 몇 년간 계속되어 삶의 질에 큰 영향을 미칩니다. 하지만 동물실험으로는 쓸 만한 결과를 얻을 수 없었습니다. 그래서 인비트로 시스템을 개발하기 시작했습니다."

　이 과학자 팀은 당뇨로 생긴 궤양 부위에서 세포를 채취해 실험실에서 배양하였다. 정상세포와 질병이 있는 세포 사이의 유전적인 차이를 찾기 위해, 질병 유전자를 발견하면 형광성 빛을 내는 장치에 연결하였다. 세포 내에서 질병 유전자가 활성화될 때마다 빛이 켜졌다. 이런 방법으로 과학자들은 질병 유전자가 활성화되는 조건을 연구해 질병 치료의 실마리를 잡게 되었다. 스티븐스 박사는 이렇게 말한다.

　"인비트로 시스템이 동물실험을 완벽하게 대체할 수는 없지만, 사전검사가 가능해져 동물실험 횟수를 크게 줄일 수 있을 것이다."

이제 안전성 시험에 대한 대체방법의 필요성은 국제적으로 공감을 얻고 있어요. 하지만 그 외의 동물실험을 대체하는 방법에 대해서는 합의가 거의 이루어지지 않은 상태입니다.

지금 이 순간에도 국내법이나 국제법을 준수하기 위해 또는 단순히 실험 결과를 제출하기 위해 수많은 동물실험이 이루어지고 있습니다. 만약 국제적으로 합의를 거쳐 실험 방법이 하나로 통일된다면 수백 가지의 규제를 통과하기 위해 수백 차례의 실험을 할 필요가 없겠지요. 불필요하게 희생되는 생명이 최대한 줄어들도록 하려면 우리 모두의 노력이 필요합니다.

간추려 보기

- 동물실험 찬성론자들은 동물실험이 이미 엄격하게 통제를 받고 있다고 말한다.
- 그러나 동물실험 반대론자들은 기존의 안전지침이 미흡하다고 지적한다.

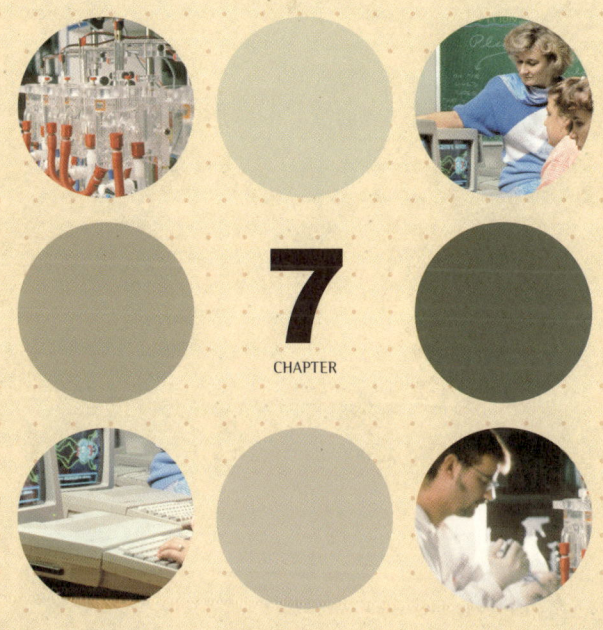

동물실험의 미래

동물을 사용하지 않는 대안에 관한 연구가 여러 방면에서 이루어지고 있지만, 아직도 갈 길은 멉니다. 오늘날에는 여러 동물보호단체가 함께 힘을 합쳐 일하고 있으며, 세계 각국 정부와 기업은 더욱 윤리적인 대안을 마련하기 위해 투자합니다.

동물과 관련된 연구는 대부분 윤리적 난관에 빠져 있습니다. 특히 연구자들은 이러지도 저러지도 못하는 상황에 처해 있지요. 동물실험을 거부하면 인간의 건강과 복지를 무시한다는 비난을 받고, 반대로 동물실험을 수행하면 동물을 해친다는 비난에 시달리게 됩니다.

동물실험을 찬성하는 측에서는 3R 원칙이 널리 시행되고 있지만 동물 연구가 꼭 필요하다는 입장입니다. 반면 반대론자들은 3R의 접근방법을 수용하면서도 보다 엄격한 통제로의 정책 변화를 위한 운동을 계속해 나갈 것이고 언젠가는 동물실험의 전면 금지를 관철시키려고 합니다. 그러나 동물실험이 가까운 장래에 완전히 사라지기는 어렵겠지요.

대체 시험법

동물을 사용하지 않는 대안에 관한 연구가 여러 방면에서 이루어지고 있지만, 아직도 갈 길은 멉니다. 오늘날에는 여러 동물보호단체가 함께 힘을 합쳐 일하고 있으며, 세계 각국 정부와 기업은 더욱 윤리적인 대안을 마련하기 위해 투자합니다. 이러한 성과를 이루는 데에는 영국 정부의 역할이 컸지요. 실제로 독성 시험에 동물을 이용하는 사례가 줄었으니까요. 그러나 아직 보고 체계가 미흡하므로 다른 나라에서도 똑같은 결론이 날 거라고 단정 짓기는 어렵습니다. 미국의 동물보호단체인 휴메인소사이어티는 미국이 영국보다 대안 연구의 속도가 한참 뒤떨어져 있다고 밝혔습니다.

> **알아두기**
>
> 의사와 과학자들을 대변하는 영국 단체인 연구보호협회Research Defence Society는 모든 의학 연구에서 동물실험이 차지하는 비율이 10%에 불과하다고 발표했다.

과학자가 동물이 아닌 인간 생체조직에 약품을 시험하고 있다. 약품의 효과는 자동으로 기록되며, 과학자들은 정확한 데이터를 얻을 수 있다.

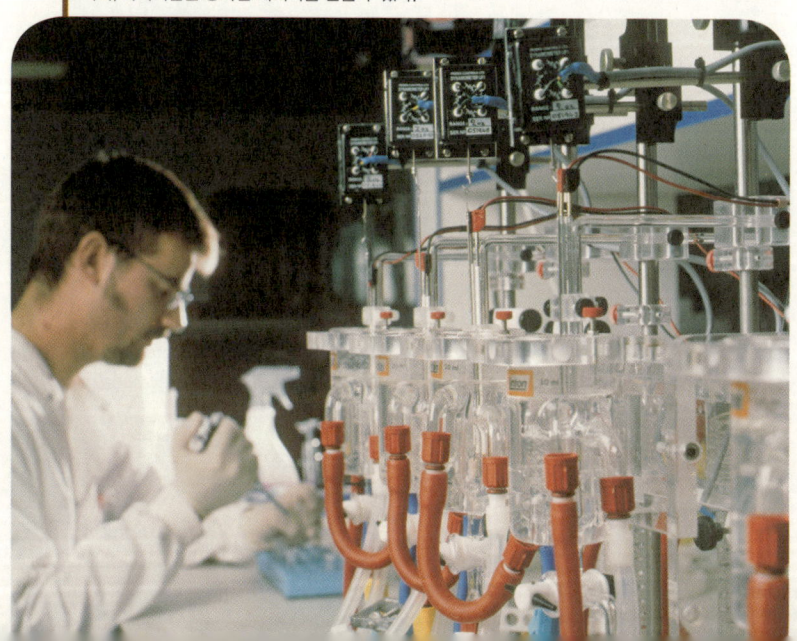

끝나지 않는 논쟁

1871년 찰스 다윈은 동물실험에 관해 느끼는 혼란스러운 감정을 이렇게 표현했습니다.

"여러분은 나에게 생체해부에 대한 의견을 묻고 있습니다. 나는 그것이 생리학 연구를 위해서 필요하다는 데 전적으로 동의합니다. 하지만 단지 혐오스러운 호기심을 충족하기 위해서라면 절대 정당화될 수 없습니다. 솔직히 말하면 저는 이러한 주제에 공포를 느낍니다. 오늘

여러분의 생각은 어떤가요?

"만약 '정에 휘둘려서는 안 된다.'고 말하는 사람이 있다면, 뭔가 잔인한 짓을 하려는 것이다. 그리고 '현실적으로 생각해야 한다.'고 덧붙인다면 그 잔인한 짓으로 돈을 벌려는 것이다."

— 브리지드 브로피
(영국의 작가, 저서 《동물, 인간, 도덕》 중에서)

"지난 세기, 전쟁이나 핵무기에 의한 대학살을 비롯한 여러 가지 재난 때문에 사람들은 과학에 대한 신뢰를 잃었고 진보에 대한 희망 역시 무너져버렸다. 이런 상황이니 인간을 보다 잔인한 존재로, 동물을 보다 인간적인 존재로 보는 경향도 이해할 수 있다. 하지만 이는 매우 위험한 사고방식이며 큰 문제를 야기할 수 있다. 이러한 편견은 인간 세계의 가능성에 대한 자신감을 약화시킬 뿐이며 우리를 깊은 어둠과 미신 속에 우리를 빠뜨려 위험한 미래를 초래할 수 있다."

— 스튜어트 더비셔(미국 피츠버그대학교 마취학과 조교수)

밤 잠도 자지 못할 정도로요. 그래서 다른 말은 할 수도 없군요."

소비자들은 자신이 사용하는 물건이 안전하기를 바랍니다. 그러나 그 제품 검사에 이용되는 동물들을 생각한다면 어떤 기분이 들까요? 사람들은 질병을 두려워하기 때문에 과학자들이 치료 약을 개발해 걱정을 덜어주기를 원하지요. 그런데 그 과정에서 반드시 동물실험이 필요하다면 무조건 반대할 수 있을까요?

과학자들이 가장 엄격하고 인간적인 기준을 지키고 있다고 말하더

청소년들이 교실에서 컴퓨터 프로그램을 이용하여 생물학과 해부학을 공부하고 있다.

라도 사람들은 거부감을 느낍니다. 그 이유는 무엇일까요? 인간의 질병을 연구하는 데 동물이 부적합하다고 주장하거나 동물이 고통을 겪는 실험이 무조건 부당하다고 한다면, 우리는 어떤 결정을 내려야 할까요? 21세기에도 동물실험에 대한 논쟁은 계속되고 있으며, 앞으로도 쉽게 끝나지 않을 것 같습니다.

간추려 보기

- 동물실험 찬성론자들은 과학 연구와 실험에 동물 이용을 완전히 대체할 만한 수단이 없다고 주장한다.
- 동물실험 반대론자들은 동물실험이 완전히 사라질 수 없다면 3R 원칙을 전 세계의 과학자들이 더욱 철저히 지켜야 한다고 말한다.

연표

1876년	영국에서 동물학대방지법이 통과되었다.
1905년	토끼의 장기를 인간에게 이식하는 것에 이어 인간의 장기를 인간에게 이식하는 수술이 최초로 성공했다.
1910년대	개, 기니피그, 토끼 등을 이용하여 수혈기법을 개발하였다.
1930년대	쥐, 토끼, 개, 고양이, 원숭이 등을 이용하여 마취제 개발에 성공하였다.
1940년대	생쥐를 대상으로 한 시험을 거쳐 항생제가 개발되었다.
1945년	동물실험을 거쳐 최초의 신장투석 치료가 시작되었다.
1959년	윌리엄 러셀과 렉스 버치가 3R 원칙을 제안했다.
1966년	미국에서 동물복지법안이 통과되었다.
1967년	개에 대한 장기이식 경험을 바탕으로, 최초로 인간끼리의 심장 이식수술이 성공했다.
1968년	영국에서 인간에게 약물을 사용하기 전에 반드시 동물실험을 거치도록 하는 의료법이 개정되었다.

1970년대	생쥐를 이용한 항암 화학요법 시험이 이루어졌다.
1975년	피터 싱어가 저서 《동물해방》을 출간했다.
1985년	미국에서 실험동물법 개정안이 통과되었다.
1986년	영국에서 동물복지법으로 유인원을 사용하는 실험이 금지되었다. '실험 및 기타 과학적 용도로 사용되는 척추동물의 보호를 위한 유럽 협약'에서 3R 원칙이 채택되었다. 유럽연합이 소속 국가들 내에 제정된 동물실험 관련 법안을 조율하였다.
1992년	쥐를 이용하여 개발된 뇌수막염 백신 접종이 시작되었다.
2002년	동물실험의 안전성을 검사 및 평가하기 위해 영국에서 '보다 안전한 의약품을 위한 캠페인'이 시작되었다.
2003년	유럽연합이 화장품에 대한 동물실험을 전면 금지했다.
2004년	호주에서 실험동물의 관리와 이용에 관한 실행 규약이 도입되었다.
2005년	프랑스 정부는 유럽연합이 화장품 시험을 금지하자 이의를 제기했다.
2006년	유럽연합은 화학물질 사용 방법에 대한 세부사항을 규제하고 추가 필수시험 사항을 개괄한 EU 신(新)화학물질 관리규정(REACH)을 도입하였다.

용어 설명

낭포성섬유증 점액으로 폐가 막히는 유전성 질환.

당뇨병 당분을 분해하는 효소인 인슐린이 부족해 생기는 병으로, 소변에 당분이 많이 섞여 나오고 심한 갈증을 유발한다.

독성 독이 있는 성분 또는 그 강도.

독소 독성을 띠는 물질.

르네상스 14세기에서 16세기 사이 유럽에서 과학, 예술, 문화가 크게 부흥했던 시기.

마취제 수술 및 치과 치료 시 감각을 잃게 하는 약물.

무척추동물 지렁이처럼 척추가 없으며 원시적인 동물.

백신 전염병에 대한 면역을 주기 위해 바이러스에 조작을 가하여 독소를 약화시키거나 죽게 만든 주사약.

생리학 생물과 그 기관의 표준적인 기능을 연구하는 학문의 한 분야. 생물 및 신체기관이 기능하는 방식을 일컫기도 함.

생리학자 생리학을 연구하는 사람.

석회화 칼슘 축적으로 생체조직이 굳어지는 현상.

신장 투석 신장 기능을 상실한 환자의 치료법. 신장 기능의 일부를 수행하는 데 투석기가 사용된다.

에테르 1840년대부터 마취제로 사용된 액체이나, 근래에는 마취제로 잘 이용되지 않는다.

예방접종 (주로 주사를 통해) 백신을 투여하여 면역성이 생기도록 하는 일.

유전자 개체가 고유한 특성을 지니도록 하는 DNA(핵산) 가닥.

유전자 치료 병든 유전자를 건강한 유전자로 교체하거나 치료 또는 통제하여 유전성 질환을 치료하는 방법.

인비트로(in-vitro) 라틴어로 '유리 안'이라는 뜻. 시험관이나 배양접시에서 이루어지는 과학적 절차.

인슐린 췌장에서 생성되며 혈당을 조절하는 호르몬.

자극 반응이나 활동을 촉진하는 것.

조직 배양 살균된 제어 기구에서 동물 생체 조직 일부를 증식하는 것.

진화 어떤 생물 종의 특징이 점진적으로 변화하는 현상.

철학자 지식, 실재 및 존재의 본질을 탐구하는 사람.

클로로포름 1800년대에 마취제로 사용된 액체. 클로로포름 가스를 흡입한 환자는 의식을 잃게 된다.

탄저병 소와 양에 발병하는 전염성이 매우 강한 질병으로, 이 병에 걸리면 내장이 붓고 고열, 호흡곤란에 시달리다 죽는다.

해부 동물의 주검을 절개하여 살펴보는 일.

해부학 신체의 구조를 과학적으로 연구하는 학문.

호르몬 세포에서 생성되는 물질. 호르몬마다 신체가 기능하는 데 고유한 영향을 미침.

더 알아보기

국내 홈페이지

식품의약품안전청 실험동물제도 http://kfda.go.kr/labanimal

'실험동물에 관한 법률'의 입법 취지를 설명하고 관련 제도를 알리기 위해 식약청이 제작한 홈페이지. 실험동물 제도에 대한 이해를 돕는 다양한 온라인 콘텐츠를 제공하여 우리나라에서는 동물실험이 어떻게 이루어지고 있는지 한눈에 살펴볼 수 있다.

수의과학검역원 동물보호법
www.nvrqs.go.kr/Ex_Work/AniPro/anilow_history.asp

동물보호법을 담당하는 수의과학검역원 동물보호과에서 개설한 홈페이지로 동물보호법 관련 법령, 동물실험 윤리위원회 등에 관한 정보를 얻을 수 있다.

동물보호 시민단체 카라(KARA) www.ekara.org

2006년부터 동물 학대에 반대하며 동물보호법 개정과 실험동물 반대에 앞장서 온 '카라KARA'의 공식 홈페이지. 실험동물의 복지와 권리에 대한 다양한 콘텐츠를 담고 있다. 동물실험 반대 캠페인 게시판에서는 관련 기사와 서명 운동을 살펴볼 수 있으며, 동물실험을 하지 않는 화장품 기업을 공개하고 있다.

동물자유연대 www.animals.or.kr

동물보호단체 '동물자유연대'의 홈페이지로 불필요하고 과도하게 이루어지는 동물실험에 반대하며 관련 캠페인과 서명 운동을 벌이고 있다. 동물실험에 관한 법령과 동영상, 사진을 살펴볼 수 있고 동물복지 게시판에서는 동물실험을 다룬 다양한 자료를 열람할 수 있다.

외국 홈페이지

동물을 사랑하는 사람들의 모임(PETA) 어린이 홈페이지

www.allaboutanimals.org.uk

세계적 동물보호단체인 PETA에서 어린이와 청소년 모두 이용할 수 있도록 동물보호에 대한 정보를 제공하는 홈페이지다. 어린이와 청소년의 영역을 나누고 연령대별로 다양한 주제를 접할 수 있도록 구성되어 있다.

동물 연구에 대한 이해(UAR) 홈페이지

www.understandinganimalresearch.org.uk

영국의 비영리단체 UAR이 동물실험에 대한 정보를 제공하는 홈페이지. 이 단체는 미래의 의학 발전을 위해 동물실험이 반드시 필요하다고 주장한다. 동물실험에 적용되는 3R 원칙을 비롯해 동물복지 문제도 함께 다루고 있어 동물실험의 쟁점을 객관적인 시야에서 바라보기에 적합하다.

찾아보기

ㄱ

개 10, 17, 31-36, 48-49, 51, 55, 61, 69, 78
개코원숭이 25
고양이 17, 69
교육 41, 69-72, 86
금지 17-18, 29, 31, 66, 80, 84, 95

ㄴ

낭포성섬유증 16, 44
농업 15, 41

ㄷ

다윈 20-22, 97
당뇨병 33, 36, 49, 90
데카르트 21, 78
동물권리 8, 10-11, 17, 22-23, 37, 79, 84
동물복지 21, 45, 75-76, 88-89, 95
동물학대 10, 21, 25, 35, 45, 70, 76, 77, 79-80, 82
드레이즈 테스트 64-65

ㅁ

마취제 29

ㅂ

보톡스 63-64

ㅅ

소 44, 49
수혈 16

ㅇ

알츠하이머병 44
암 11, 16, 43-44, 61
약물 시험 87
양서류 17
유인원 17-18, 25, 36, 43, 49, 52, 80

ㅈ

조류 17
중국 33, 80

ㅋ

캐나다 24, 33, 43, 64
컴퓨터 17, 41, 45, 60, 72, 85-86, 98

ㅎ

항생제 36
해부 29-35, 38, 46, 69-72, 97-98
호주 24, 45
화장품 15, 61-62, 64, 66
환경 20, 24, 41, 44-45, 56, 61, 71, 75, 85, 88

내인생의책은 한 권의 책을 만들 때마다
우리 아이들이 나중에 자라 이 책이 '내 인생의 책'이라고 말할 수 있는 책을 만들고자 합니다.

세상에 대하여 우리가 더 잘 알아야 할 교양

13 동물실험, 왜 논란이 될까? (원제: Animal Research and Testing)

페이션스 코스터 글 | 김기철 옮김 | 한진수 감수

1판 1쇄 2012년 9월 12일 | 1판 4쇄 2021년 8월 1일
펴낸이 조기룡 | 펴낸곳 내인생의책 | 등록번호 제10-2315호
주소 서울특별시 서초구 강남대로373 홍우빌딩 16층 114호
전화 (02)335-0449, 335-0445(편집) | 팩스 (02)335-6932
전자우편 bookinmylife@naver.com | 카페 http://cafe.naver.com/thebookinmylife
편집장 이은아 | 편집1팀 신인수 이다겸 | 편집2팀 조정은 김예지
디자인 안나영 김지혜 | 마케팅 강보람 | 경영지원 조하늘

이 책의 한국어판 저작권은 Imprima Korea Agency를 통해
Hodder and Stoughton Limited와의 독점 계약으로 **내인생의책**에 있습니다.
저작권법에 의해 한국 내에서 보호를 받는 저작물이므로
무단전재와 무단복제를 금합니다.
ISBN 978-89-97980-02-4 44300
ISBN 978-89-91813-19-9 44300(세트)

Animal Research and Testing
Copyright ⓒ 2009
Published by arrangement with Hodder and Stoughton Limited
on behalf of Wayland, a division of Hachette Children's Books
All rights reserved.

Korean Translation Copyright ⓒ 2012 by TheBookInMyLife Publishing Co
Korean edition is published by arrangement with Hodder and Stoughton Limited
through Imprima Korea Agency

책값은 뒤표지에 있습니다.
잘못된 책은 구입처에서 바꾸어 드립니다.
이 도서의 국립중앙도서관 출판시도서목록(CIP)은 e-CIP 홈페이지(http://www.nl.go.kr/ecip)에서 이용하실 수 있습니다. (CIP제어번호: CIP2012004160)

책은 나무를 베어 만든 종이로 만듭니다.
그래서 원고는 나무의 생명과 맞바꿀 만한 가치가 있어야 합니다.
그림책이든 문학, 비문학이든 원고 형식은 가리지 않습니다.
여러분의 소중한 원고를 bookinmylife@naver.com으로 보내주시면
정성을 다해 좋은 책으로 만들겠습니다.

디베이트 월드 이슈 시리즈

세상에 대하여 우리가 더 잘 알아야 할 교양

전국사회교사모임 선생님들이 번역한 신개념 아동·청소년 인문교양서!

《디베이트 월드 이슈 시리즈 세더잘》은 우리 아이들에게 편견에 둘러싸인 세계 흐름에서 벗어나 보다 더 적확한 정보와 지식을 제공합니다. 모두가 'A는 B이다.'라고 믿는 사실이, 'A는 B만이 아니라, C나 D일 수도 있다.'라는 것을 알려 주면서 아이들이 또 다른 진실을 발견하도록 안내합니다.

★ 전국사회교사모임 추천도서 ★ 문화체육관광부 우수교양도서 ★ 한국간행물윤리위원회 청소년 권장도서 ★ 서울시교육청 추천도서
★ 보건복지부 우수건강도서 ★ 아침독서 추천도서 ★ 대교눈높이창의독서 선정도서 ★ 학교도서관저널 추천도서

① 공정무역 ② 테러 ③ 중국 ④ 이주 ⑤ 비만 ⑥ 자본주의 ⑦ 에너지 위기 ⑧ 미디어의 힘 ⑨ 자연재해 ⑩ 성형 수술 ⑪ 사형제도 ⑫ 군사 개입 ⑬ 동물실험 ⑭ 관광산업 ⑮ 인권 ⑯ 소셜 네트워크 ⑰ 프라이버시와 감시 ⑱ 낙태 ⑲ 유전 공학 ⑳ 피임 ㉑ 안락사 ㉒ 줄기세포 ㉓ 국가 정보 공개 ㉔ 국제 관계 ㉕ 적정기술 ㉖ 엔터테인먼트 산업 ㉗ 음식문맹 ㉘ 정치 제도 ㉙ 리더 ㉚ 맞춤아기 ㉛ 투표와 선거 ㉜ 광고 ㉝ 해양석유시추 ㉞ 사이버 폭력 ㉟ 폭력 범죄 ㊱ 스포츠 자본 ㊲ 스포츠 윤리 ㊳ 슈퍼박테리아 ㊴ 기아 ㊵ 산업형 농업 ㊶ 빅데이터 ㊷ 다문화 ㊸ 제노사이드 ㊹ 글로벌 경제 ㊺ 플라스틱 오염 ㊻ 청소년 노동

세더잘 46
청소년 노동
정당하게 일할 권리 어떻게 찾을까?

홍준희 지음 | 하종강 감수

세더잘 45
플라스틱 오염
재활용이 해답일까?

제오프 나이트 글 | 한진여 옮김 | 윤순진 감수

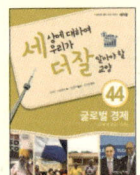

세더잘 44
글로벌 경제
나에게 좋은 걸까?

리처드 스필베리 글 | 한진여 옮김 | 강수돌 감수

세더잘 43
제노사이드
집단 학살은 왜 반복될까?

마크 프리드먼 글 | 한진여 옮김 | 홍순권 감수

세더잘 42
다문화
우리는 단일민족일까?

박기현 글 | 변종임 감수

세더잘 41
빅데이터
빅브러더가 아닐까?

강이든 글 | 신동희 감수

세더잘 40
산업형 농업
식량 문제의 해결책이 될까?

김종덕 글

세더잘 39
기아
왜 멈출 수 없을까?

앤드류 랭글리 글 | 이지민 옮김
마이클 마스트라드리, 김종덕 감수

세더잘 38
슈퍼박테리아
과학으로 해결할 수 있을까?

존 디콘실리오 글 | 최가영 옮김 | 송미옥 감수

세더잘 37
스포츠 윤리
승리 지상주의의 타개책일까?

로리 하일 글 | 이현정 옮김 | 김도균 감수

세더잘 36
스포츠 자본
약일까? 독일까?

닉 헌터 글 | 이현정 옮김 | 김도균 감수

세더잘 35
폭력 범죄
어떻게 봐야 할까?

엘리스 라쉬르 글 | 이현정 옮김 | 이상현 감수

세더잘 34
사이버 폭력
어떻게 대처할까?

닉 헌터 글 | 조계화 옮김 | 김봉섭 감수

세더잘 33
해양석유시추
문제는 없는 걸까?

닉 헌터 글 | 이은주 옮김 | 최종근 감수

세더잘 32
광고
그대로 믿어도 될까?

로라 헨슬리 글 | 김지윤 옮김 | 심성욱 감수

세더잘 31
투표와 선거
어떻게 치러야 할까?

마이클 버간 글 | 이현정 옮김 | 신재혁 감수

세더잘 30
맞춤아기
누구의 권리일까?

존 블리스 글 | 이현정 옮김 | 오정수 감수

세더잘 29
리더
누가 되어야 할까

질리 헌트 글 | 이현정 옮김 | 최진 감수

세더잘 28
정치 제도
민주주의가 과연 최선일까?

스콧 위트머 글 | 이지민 옮김 | 박성우 감수

세더잘 27
음식문맹
왜 생겨난 걸까?

김종덕 글

세더잘 26
엔터테인먼트 산업
어떻게 봐야 할까?

스터지오스 보타키스 글 | 강인규 옮김

세더잘 25
적정기술
모두를 위해 지속가능해질까?

섬광 글 | 김정태 감수

세더잘 24
국제 관계
어떻게 이해해야 할까?

닉 헌터 글 | 황선영 옮김 | 정서용 감수

세더잘 23
국가 정보 공개
어디까지 허용해야 할까?

케이 스티어만 글 | 황선영 옮김 | 전진한 감수

세더잘 22
줄기세포
꿈의 치료법일까?

피트 무어 글 | 김좌준 옮김 | 김동욱, 황동연 감수

세더잘 21
안락사
허용해야 할까?

케이 스티어만 글 | 장희재 옮김 | 권복규 감수

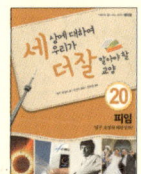

세더잘 20
피임
인구 조절의 대안일까?

재키 베일리 글 | 장선하 옮김 | 김호연 감수

세더잘 19
유전 공학
과연 이로울까?

피트 무어 글 | 서종기 옮김 | 이준호 감수

세더잘 18
낙태
금지해야 할까?

재키 베일리 글 | 정여진 옮김 | 양현아 감수

세더잘 17
프라이버시와 감시
자유냐, 안전이냐?

캐스 센커 글 | 이주만 옮김 | 홍성수 감수

세더잘 16
소셜네트워크
어떻게 바라볼까?

모리 히일 글 | 강인규 옮김

세더잘 15
인권
인간은 어떤 권리를 가질까?

은우근, 조셉 해리스 글 | 전국사회교사모임 옮김

세더잘 14
관광산업
지속 가능할까?

루이스 스펠스베리 글 | 정다워 옮김 | 이영관 감수

세더잘 13
동물실험
왜 논란이 될까?

페이션스 코스터 글 | 김기철 옮김 | 한진수 감수

세더잘 12
군사 개입
과연 최선인가?

케이 스티어만 글 | 이찬 옮김 | 김재명 감수

세더잘 11
사형제도
과연 필요한가?

케이 스티어만 글 | 김혜영 옮김 | 박미숙 감수

세더잘 10
성형수술
외모지상주의의 끝은?
케이 스티어만 글 | 김아림 옮김 | 황상민 감수

세더잘 09
자연재해
인간과 자연이 공존하는 길은?
안토니 메이슨 글 | 선세갑 옮김

세더잘 08
미디어의 힘
견제해야 할까?
데이비드 애보트 글 | 이윤진 옮김 | 안광복 추천

세더잘 07
에너지 위기
어디까지 왔나?
이완 맥레쉬 글 | 박미용 옮김

세더잘 06
자본주의
왜 변할까?
데이비드 다우닝 글 | 김영배 옮김
전국사회교사모임 감수

세더잘 05
비만
왜 사회문제가 될까?
콜린 힌슨, 김종덕 글 | 전국사회교사모임 옮김

세더잘 04
이주
왜 고국을 떠날까?
루스 윌슨 글 | 전국사회교사모임 옮김 | 설동훈 감수

세더잘 03
중국
초강대국이 될까?
안토니 메이슨 글 | 전국사회교사모임 옮김
백승도 감수

세더잘 02
테러
왜 일어날까?
헬렌 도노호 글 | 전국사회교사모임 옮김
구준권 감수

세더잘 01
공정무역
왜 필요할까?
아드리안 쿠퍼 글 | 전국사회교사모임 옮김
박창순 감수

※ 디베이트 월드 이슈 시리즈 **세더잘**은 계속 출간됩니다.